Das Buch zur Fernsehserie
„Fahr mal hin“ – Bodensee und Oberschwaben

„Fahr mal hin“
Bodensee und Oberschwaben

Die schönsten Ausflugsziele

ausgewählt und bearbeitet von

Wolf-Günther Gerlach
und
Dorothee Meigen

Herausgeber

SWR SÜDWESTRUNDFUNK

TR-Verlagsunion

Titelbild: Altes Schloß in Meersburg

Redaktion: Monique Moll

Bildredaktion: Angela Mainz

Winfried Assfalg: S. 106, 111; **Rolf Bendel:** S. 126; **Wolfgang Brinschwitz:** 108-109; **Christian Dietrich:** S. 71; **Andreas Hafen:** S. 21, 40; **Claus Juricz:** S. 83-84, 86 (oben), 88; **Max Leibinger GmbH:** S. 89; **Rupert Leser:** S. 93; **Kai-Uwe Schneider:** S. 60; **Südwestfunk:** S. 6; **Bernd Teklenborg:** 74, 76-79;
Verkehrsamt Bodman-Ludwigshafen: S. 15; **Städtisches Kultur- und Verkehrsamt Bad Buchau:** S. 112; **Städtische Kurverwaltung Bad Waldsee:** S. 98-99, 101-103, 105; **Kulturamt Engen:** S. 120; **Verkehrsverein Ermatingen:** S. 14, 34, 38; **Kultur- und Gästebüro Gaienhofen:** S. 42, 44-45; **Tourist-Information Konstanz:** S. 10-11, 13, ; **Tourist-Information Kressbronn:** S. 66; **Verkehrsverein Küssaberg:** S. 124; **Kultur- und Verkehrsamt Langenargen:** S. 67, 72; **Bürgermeisteramt Lottstetten:** S. 127; **Blumeninsel Mainau GmbH:** S. 26-29, 31-32; **Stadtverwaltung Markdorf:** S. 50-55; **Kur- und Verkehrsverwaltung Meersburg:** Titelbild, S. 16, 36-37; **Bürgermeisteramt Munderkingen:** S. 107; **Städtisches Kultur- und Verkehrsamt Ravensburg:** S. 82, 86 (unten); **Verkehrsverein Reichenau e.V.:** S. 18-19, 24-25; **Verkehrsamt Singen:** S. 114-117, 119; **Verkehrsverein Stein am Rhein:** S. 47; **Fotoclub Tettnang:** S. 68; **Stadtverwaltung Tettnang:** S. 69; **Fremdenverkehrsbetrieb Uhldingen-Mühlhofen GmbH:** S. 62; **Kur- und Touristik Überlingen GmbH:** S. 58-59, 61, 64; **Tourismus Südlicher Schwarzwald e.V. Geschäftsstelle Waldshut:** S. 122-123; **Kultur- und Verkehrsamt Weingarten:** S. 90, 92, 95-96; **Bürgermeisteramt Zwiefalten:** S. 110.

Die TR-Verlagsunion dankt den örtlichen Verkehrsämtern für die freundliche Unterstützung.

Die Deutsche Bibliothek – CIP-Einheitsaufnahme
„Fahr mal hin" – Bodensee und Umgebung : die schönsten Ausflugsziele ; [das Buch zur Fernsehserie] / [Südwestrundfunk].
Ausgew. und bearb. von Wolf-Günther Gerlach und Dorothee Meigen. - München : TR-Verl.-Union, 1998
ISBN 3-8058-3335-0

Karten: Ulrich Hofmann, PrePrint + Werbeservice, Koblenz
Umschlaggestaltung: Wolfgang Bergmeir, München
Gesamtherstellung: Ludwig Auer GmbH, Donauwörth
ISBN 3-8058-3335-0

Inhalt

Lust auf Schmökern und Reisen 7

Übersichtskarte 8

Der Bodensee – ein Wintermärchen
Diesseits und jenseits des Bodanrücks 10

Aue wird sie genannt – Die Insel Reichenau im Bodensee 18

Die Mainau im Spiel der Jahreszeiten 26

Der Untersee – Eine Winterreise an den Bodensee 34

Die Höri – Kleines Paradies am Bodensee 42

Markdorf – Balkon zum Bodensee 50

Rund um Überlingen 58

Felchen und Hopfen
Vom Bodensee nach Tettnang und zurück 66

Das Salemer Tal 74

Ravensburg – Stadt der Türme und Tore 82

Am Fuße des Klosters – Weingarten und seine Umgebung 90

Bad Waldsee und Umgebung 98

Von Zwiebeltürmen und Donauwellen
Eine Reise um den Bussen in Oberschwaben 106

Des Herrgotts Kegelspiel – Der Hegau rund um Singen 114

Wo der Rhein verbindet – Eine Reise durch den Klettgau 122

Die Fahr mal hin-Redaktion und einige ihrer Autorinnen und Autoren

Lust auf Schmökern und Reisen

Fahr mal hin - das ist der filmische Reiseführer für Ausflüge, Wochenendtrips oder sogar einen ganzen Urlaub, in einer Region unseres Sendegebiets, unserer Heimat.

Jetzt haben Sie eine weitere Ausgabe unseres gedruckten Reiseführers in der Hand. Er führt Sie an den Bodensee und seine Umgebung. Unsere Autorinnen und Autoren wollen Ihnen diese Landschaft zeigen und näherbringen. Dazu gehören Anekdoten und Geschichten rund um den See.

Immer wieder werden Ihnen bei Ihrer Lesereise kulturelle Schätze begegnen, die Birnau östlich von Überlingen etwa, ein Kleinod barocker Baukunst in Oberschwaben. In Unteruhldingen können Sie einen Ausflug in die Steinzeit machen, wenn Sie sich die berühmten Pfahlbauten ansehen.

Oder Literaten erzählen vom See, wie Annette v. Droste-Hülshoff:

„Es ist unerhört! ... die Aussicht ist fast zu schön ... – Es ist der tiefste Punkt dieser Umgebungen – gleich am Fuße des Hügels zwei sich kreuzende Chausseen , – tiefer Stadt und Schloß Meersburg, die hier ganz niedrig zu liegen scheinen; als nächste Punkte darin und sich wunderschön präsentierend, rechts das alte Schloß, links das Seminar, von dem Nachmittags der schöne Chorgesang so deutlich aufsteigt, daß keine Note verloren geht, – tief unten der See mit seiner ganzen Rundsicht, die Insel Mainau, Konstanz, Münsterlingen, das Thurgau, St. Gallen, auf der einen Seite nur durch die Alpen beschränkt, ... von der anderen durch die höchsten Kegel des Hegaus“.

Das schrieb die Dichterin 1843, und diese exklusive Aussicht hat man heute noch von ihrem Fürstenhäuschen in Meersburg. Die Bodenseeregion ist voll von Geschichte, Kunst und Kultur. Gehen Sie mit uns auf Entdeckungsreise.

Unsere Autorinnen und Autoren geben Ihnen natürlich auch Tips zum Thema Essen und Trinken. Unser persönlicher Tip: Besorgen Sie sich Seelen. Die bekommen Sie nur im Dreieck Friedrichshafen, Wangen, Biberach. Seelen sind etwa 30 cm lange knusprige mit Salz und Kümmel bestreute Hefebrote, die früher die Armen, eben die armen Seelen, nach dem Kirchgang gereicht bekamen.

Wir wünschen Ihnen viel Vergnügen beim Lesen und natürlich viel Freude bei Ihren Ausflügen an den Bodensee und nach Oberschwaben.

Ihre
Fahr mal hin-Redaktion

Fahr mal hin
Tuttlingen
Der Hegau rund um Singen
Die Höri
Eine Reise durch den Klettgau
Waldshut

Übersichtskarte

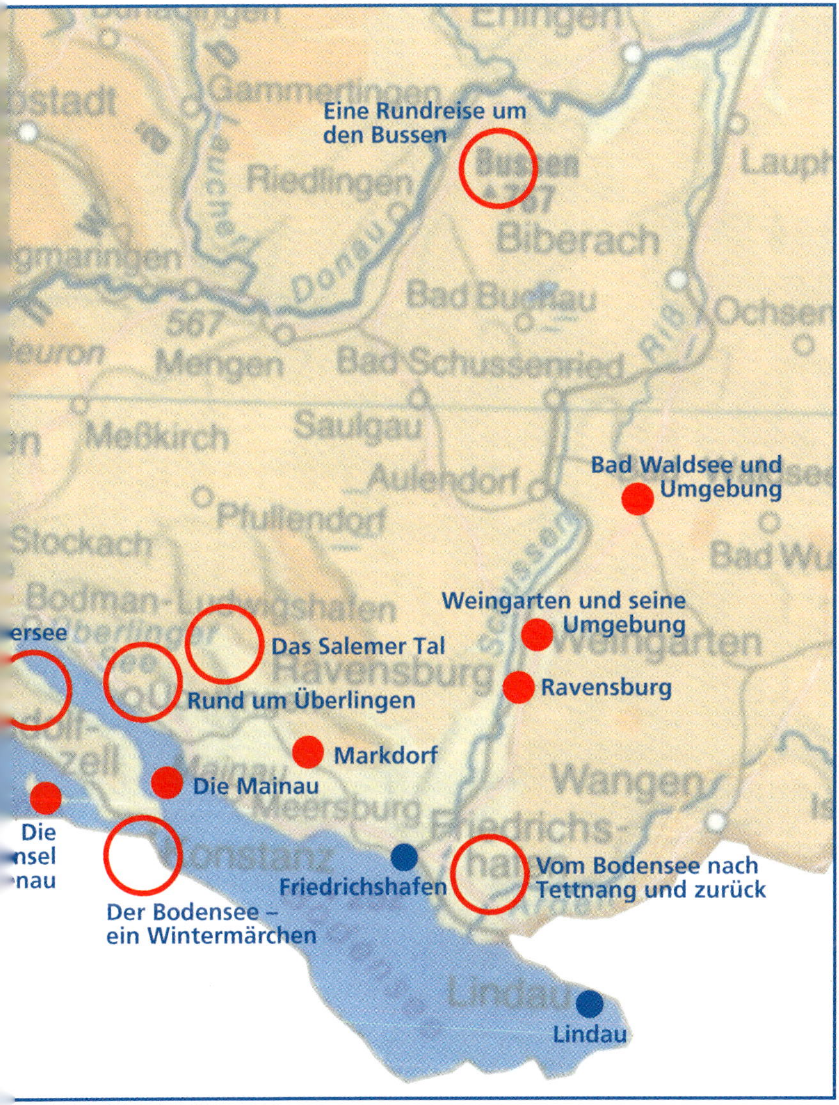

Der Bodensee – ein Wintermärchen
Diesseits und jenseits des Bodanrücks

Hafeneinfahrt mit Imperia

See - die Bezeichnung ist fast ein bißchen untertrieben. Daher sprechen viele vom „Schwäbischen Meer". Gemeint ist der Bodensee mit seinem grandiosen Alpenpanorama, blühenden Inseln, Gelegenheit für Freizeit- und Badespaß. Er ist zweifellos ein beliebtes Ausflugsziel, was in der sommerlichen Hauptsaison manchmal auch überfüllte Strände und touristischen Rummel bedeuten kann.

Wir wollen die Region um das größte Binnengewässer Deutschlands daher erst einmal anders erleben. Unseren ersten Ausflug unternehmen wir mitten im Winter. Es ist genau die Jahreszeit, in der man Natur und Kultur der Bodenseelandschaft am nächsten kommen kann. Niemand stört einen: Die Städte mit ihren Baudenkmälern gehören wieder ihren Bewohnern. Der See scheint zu sich selbst zu kommen. Er darf sich ausruhen von der Betriebsamkeit der Saison.

Ankunft in Konstanz

In Konstanz, der südlichsten Stadt Deutschlands, enden alle Züge. An den Bodensee fahren zwar keine Intercitys und ICEs, doch schon die Fahrt mit dem Interregio über den Schwarzwald ist ein Erlebnis.

Auf dem Bahnhofsplatz empfängt uns der schlanke Glockenturm des neugotischen Bahnhofgebäudes. Er ist dem Palazzo Vecchio in Florenz nachempfunden - ein ehrgeiziges Projekt. Früher fand der Reisende dem Bahnhof gegenüber Hotels wie auf einer Perlenschnur aufgereiht. Mit dem Siegeszug des Autos haben sich Gasthöfe und Hotels in andere Teile der Stadt zurückgezogen.

Manche zollten der schnellebigen Zeit Tribut. Beispielsweise mußte das Hotel Halm, das nach langer Zeit als Bauruine endlich saniert wurde, wieder schließen. Nun werden die stattlichen Gebäude um Bahnhof und Marktstätte anderweitig genutzt. So nächtigten im ehemaligen „Goldenen Adler“ zwar schon Zaren und Kaiser - auch Goethe stieg zweimal hier ab -, doch jetzt residiert in diesem Haus mit großer Geschichte eine Bank.

Hafen, Häuser und Fassaden

Am Hafen finden wir die Bootsstege im winterlichen Dunst. Der See ist jetzt leer. Im Sommer wimmelt es hier von Surfern, Kursschiffen und Booten aller Art. Mit anmutiger Gelassenheit dreht sich Imperia leise in drei Minuten einmal um sich selbst - die neue Göttin des Konstanzer Hafens. Seit April 1993 steht die neun Meter hohe Skulptur auf dem Sockel des ehemaligen Leuchturmes an der Hafeneinfahrt. Gnomenhaft sitzen Kaiser und Papst auf ihren ausgestreckten Händen.

Vom Hafen aus suchen wir uns einen Weg durch die Stadt. Bis heute ist der historische Stadtkern weitgehend erhalten geblieben. Im Mittelalter war Konstanz eine blühende Handelsmetropole mit beachtlichem Wohlstand. Einen Höhepunkt bildete das Konstanzer Konzil von 1414 bis 1418: Der größte „Kongreß“ des Abendlandes zog 30 000 Teilnehmer und Gäste in die Stadt.

Wandmalerei

Allein das Stadtbild von Konstanz erzählt Geschichte. Eine besonders wechselvolle hat das ehemals gutbürgerliche „Domhotel St. Johann“ hinter sich. Ursprünglich stand hier eine Kapelle, dann eine Pfarrkirche. Ab 1266 war das Gebäude Chorherrenstift, danach Brauerei, katholisches Vereinshaus und Hotel. 1991 wird luxussaniert: Eine „Markthalle“ sowie Apartmentwohnungen entstehen.

Geschichte läßt sich in Konstanz auf verschiedenen Wegen erleben - zum Beispiel „plakativ“. Im vergangenen Jahrhundert ließen sich die stolz-nationalen Bürger zur Mehrung ihres Ansehens Szenen der „großen“ mittelalterlichen Vergangenheit auf die Fassaden malen. Eingangs der Rosgartenstraße steht das „Haus zum Wolf“, ein 1774 errichtetes Gebäude mit schöner Rokokofassade. Bis 1938 war hier ein Zentrum jüdischer Geschäfte.

Schräg gegenüber betreten wir das „Haus zum Rosgarten", bedeutendes Zunfthaus der Metzger und Krämer im ausgehenden Mittelalter. Das Gebäude beherbergt seit Ende des vergangenen Jahrhunderts das Rosgartenmuseum. Hier findet man im Erdgeschoß ein Kleinod der Museumsgeschichte: den ur- und frühgeschichtlichen Saal, genauso wie ihn Gründer Ludwig Leiner vor über einhundert Jahren gestaltet hatte - ein Museum im Museum.

Ein Gang durch die Architekturgeschichte: Das Münster

Auf dem Hügel eines Römerkastells, am höchsten Punkt der Stadt, steht das wohl bemerkenswerteste Baudenkmal von Konstanz: das Münster „Unserer lieben Frau". Eintausend Jahre Stilvielfalt sind hier zu entdecken, ein Gang durch die Architekturgeschichte. Je nach Zeitgeschmack wurde der Kirchenbau immer wieder umgestaltet. Von der ersten Bischofskirche um das Jahr 600 sind nur noch die Mauern im Ostbau erhalten.

Im Inneren zeigt sich das Münster mit seinem dreischiffigen Raum, den mächtigen Monolithsäulen mit ihren einfachen Kapitelen noch stark von der Romanik geprägt. Uns beeindruckt vor allem das um 1523 entstandene Orgelgehäuse. An der Orgel improvisiert gerade Münsterorganist Konrad Philipp Schuba. Mächtige Klänge erfüllen den heiligen Raum.

Hier stoßen wir auch auf die Legende um einen der drei Patrone des Münsters: St. Conradus, Grafensohn und Bischof von Konstanz. An einem Ostertag, so die Legende, sei eine giftige Spinne bei der Feier des Hochamtes nach der Wandlung in den Meßwein gefallen. Um das heilige Blut Christi nicht zu entweihen, habe Konrad den heiligen Trank getrunken. Beim fröhlichen Ostermahl sei dann das Spinnentier dem Heiligen wieder aus dem Mund gekrochen.

Neue Kunst und alte Funde

Wieder auf der Straße führt unser Weg zur ganz und gar nicht heiligen Kunst von Peter Lenk. Wie seine Imperia im Konstanzer Hafen provoziert sein Brunnen an der Laube Ablehnung, Verteufelung, Bewunderung und engagierte Fürsprache. In seinem „Triumphbogen" auf der Unteren Laube werden nicht nur der Papst, sondern auch wir - Touristen und Straßenverkehrsteilnehmer - auf die Schippe genommen. Der Lenk-Brunnen und die schöne Imperia sind längst zu einem „Muß" einer Stadtbesichtigung geworden.

Geschichte kann manchmal auch ganz schön profan und ziemlich schmutzig aussehen. Im Neugasse-Viertel stoßen wir auf eine große Baugrube. Fundreiche Latrinen vergangener Zeit werden hier ausgehoben, sie geben Aufschluß über die Alltagskultur der einfachen Leute im Mittelalter. So weiß man jetzt, daß es hier seit dem 14. Jahrhundert Handwerksbetriebe gegeben hat.

Im Archäologischen Landesmuseum werden die Funde sorgfältig registriert und - wenn möglich - wieder zusammengesetzt. Das rechtsrheinisch gelegene Museum ist über die Rheinbrücke

Lenkbrunnen

zu erreichen. Ein großer Bogen wird hier gespannt: von den Pfahlbauten des 4. Jahrhunderts v. Chr. bis hin zur Industriearchäologie. Angeboten werden auch Exkursionen zu den Fundstellen in der Konstanzer Altstadt, verbunden mit einer Führung durchs Museum und seinen Werkstätten.

Ausflugstips: Ins Seemuseum nach Kreuzlingen ...

Konstanz ist auch ein guter Ort, um Ausflüge ins Umland zu unternehmen. Die Ziele lassen sich meist leicht mit dem öffentlichen Nahverkehr erreichen. Wir beschließen, die Grenze zur Schweiz zu überqueren und das Seemuseum in Kreuzlingen zu besuchen.

Dort bereitet Leiter Hans Ulrich Wepfer gerade eine Sonderschau zum Thema „Schiffahrt auf dem Bodensee" vor. Das Besondere an diesem in seiner Art einmaligen Museum ist seine grenzüberschreitende Ausrichtung: Die Exponate stammen aus allen drei Uferstaaten. Zu sehen sind Ausstellungen zu den verschiedensten Themen der Bodenseegeschichte: über Gewässerschutz, Fremdenverkehr und Schiffahrt bis hin zum Leben und Handwerk der Fischer.

Das Seemuseum in der ehemaligen Kornschütte liegt idyllisch im Seeburgpark. In direkter Nachbarschaft stoßen wir auf ein Schlößchen wie aus einer Märchenwelt: die Seeburg, 1600 als Landsitz für den Bischof aus Konstanz erbaut, heute Didaktisches Zentrum des Kantons und ein Restaurant.

... und mit der Seetal-Linie nach Ermatingen

Und weiter geht's auf unserer Rundreise um Konstanz: Wir fahren mit der Seetal-Linie nach Ermatingen, einem ehemaligen Fischerdorf, westlich von Kreuzlingen und gegenüber der Insel

Reichenau gelegen. Hier lassen sich wunderbare Uferspaziergänge machen. Traditionsreiche Gasthöfe laden zum Fischessen ein. Auch das Napoleonschloß Arenenberg ist von hier aus gut zu erreichen.

Wer etwas ganz Besonderes sucht, sollte nach Emil Bügler fragen. Emil Bügler stellt - und zwar ausschließlich - Enten aus Holz her. Wir schauen ihm in seiner Werkstatt zu, wie er gerade einen Entenkopf bearbeitet, eine „Sauarbeit", wie er uns versichert. Früher habe er für die Jäger Lockenten gemacht, heute sind es Sammlerobjekte. Wir staunen nicht schlecht, was seine Hände da hervorzaubern: bunte und schwarz-weiße, kleine und große, Enten, Enten, Enten...

Nicht nur der Kälte wegen ziehen uns die Butzenscheiben des Ermatinger

Kehlhofstube

Kehlhofs magisch an. Hinter ihnen verbirgt sich ein Kleinod: die ehemalige Gerichtsstube der Reichenau, alte Tische und Stühle, die nicht zum Verweilen gedacht sind. Eine tausendjährige Geschichte verband Ermatingen mit der gegenüberliegenden Reichenau. Im Namen des Klosters haben hier Gerichtsherren Recht gesprochen. Die Bilder an den Wänden zeigen biblische Szenen. Sie sollten die Richter mahnen, gerecht zu entscheiden und sich nicht blenden zu lassen.

Konstanzer Nachtleben

Für uns wird es jetzt Zeit, nach Konstanz zurückzukehren, denn heute Abend haben wir uns mit Tobias Engelsing verabredet. Der ist Herrscher über die Lokalredaktion der Konstanzer Zeitung und wegen seiner spitzen Feder „gefürchtet". Mit ihm wollen wir uns ins Nachtleben der Stadt stürzen.

Und da biegt er auch schon um die Ecke, den Hut tief im Gesicht, den Mantel hochgeschlagen. Für ihn ist heut' „Trollinger Wetter", da wird erstmal einer „geschlotzt", wie man hier zum gemütlichen Weingenuß sagt. In der Niederburg, dem ältesten Stadtteil von Konstanz, werden badische und auch württembergische Viertele ausgeschenkt. Hier nimmt das Bürgertum seinen Dämmerschoppen, und genau da, wo die konservativsten Konstanzer daheim sind, wird ein Stück europäisches Zusammenleben praktiziert: Der Wirt heißt nämlich Giovanni und ist aus Italien.

Vom Wein geht's weiter zum St. Stephanskeller, dem Ort altbürgerlicher Eßkultur. Starkoch Bertold Sieber hat hier seine Karriere begonnen. Drinnen geht's nobel und geschäftig zu. Patrizische Wappen zieren die Wände. Doch unsere Bewunderung wird zurechtgerückt. „Nachgemachte“, so erklärt uns der Lokalredakteur. Als im 19. Jahrhundert in Konstanz die Mittelalter-Nostalgie blühte, hätten sich die eitlen Bürgerfamilien bei der Neueinrichtung des Lokals so verewigen lassen.

Und wohin nach dem üppigen Mahl? Im ehemaligen Spital zum Heiligen Geist lassen sich die Pfunde wieder runtertanzen. Heute gibt 's fetzige Jugenddisco. Da spreche im Winter also niemand von „verschlafener Provinz“! Selbst ein Rotlichtviertel hat Konstanz zu bieten. Die um 1400 erbaute Kirche St. Jodok an der Kreuzlinger Straße beherbergt heute einen Nachtclub. Die Zweckentfremdung ist kulturhistorisch gesehen gar nicht so stark, wie's scheint. Schon zu Zeiten des Konstanzer Konzils kamen im Gefolge der noblen Kirchenfürsten 700 Prostituierte in die Stadt. Eine von ihnen, so erzählt eine Balzac-Erzählung, sei Imperia gewesen, deren Statue wir im Hafen schon begegnet sind.

Frauenbergburg

Genug vom Nachtleben? Erholung verspricht da ein Ausflug zum nördlich von Konstanz gelegenen Bodanrück, auf dem man besonders im Winter in völliger Abgeschiedenheit wandern kann. Dort besuchen wir die Frauenbergburg, ein alter Wallfahrtsort, hoch über dem See gelegen. Die Kapelle „Unser Lieben Frauen Berg“ wurde zum Dank für die Errettung des kleinen Johannes von den Rittern von Bodman gestiftet und im Jahre 1309 geweiht. Im Innern erzählt uns ein Bild von dieser Geschichte: Als die „Neue Burg“ der Herren von Bodman nach einem Blitzschlag niederbrennt, überlebt nur der Stammhalter Johannes. Seine Amme Adelheid setzt den gerade Einjährigen in einen eher-

Bodman am See

nen Kessel, läßt diesen die Burgmauer hinunter und rettet so sein Leben. Heute leben hier die Schwestern und Brüder der „urchristlichen" Glaubensgemeinschaft Agnus Dei.

Bodman: Das „gräfliche" Schloß

Unten am See erwartet uns Bodman, einer der ältesten und historisch bedeutsamsten Orte der Gegend. Nach vorgeschichtlicher und römischer Besiedlung entstand hier im 8. Jahrhundert eine Königspfalz. Der Bodensee verdankt Bodman seinen Namen.

Im Schloß, einer vierflügeligen Anlage in einem weitläufigen Park, wohnt Wilderich Graf von und zu Bodman, der sich im Winter gerne am Bodensee aufhält. Er genießt dann die laubfreien Durch- und Ausblicke auf Schluchten, Täler und den See und bei Föhn den herrlichen Blick auf die Alpen. Zum Greifen nahe scheinen an manchem kalten Tag die schneebedeckten Bergkuppen: Schesaplana, Drei Schwestern, Hoher Kasten, Altmann, Säntis und, und, und...

Kulturtip: Meersburger Konzerttage

Einen ebensolchen Blick dürfen auch wir zum Abschluß unserer Dreharbeiten genießen. Wir nehmen ihn in unserer Erinnerung mit, als wir die Uferpromenade von Meersburg entlangwandern: letzte Station unseres Ausfluges. Mit der Fähre sind wir über den See gekommen und freuen uns auf das abendliche Konzert im Neuen Schloß.

Das barocke Gebäude des Schlosses erstrahlt herrschaftlich in rosa-weißer Fassade. Seine hellerleuchteten Fenster laden uns in ein beeindruckendes

Neues Schloß in Meersburg

Inneres ein. Vor allem das Treppenhaus mit einem Deckenfresko zur Verherrlichung des Fürstbischofs und die zweigeschossige Schloßkapelle im Ostflügel sind sehenswert. Wir genießen hier einen Abend, der den Höhepunkt der Internationalen Konzertreihe „Meersburger Winter“ bildet.

Aus dem Spiegelsaal werfen wir einen letzten Blick über das friedliche Wasser im Mondlicht, ein festlicher Ausklang unserer Winterreise an den Bodensee.

Der Beitrag beruht auf dem Film von Willy Meyer.

So kommt man hin

Mit der Bahn: Alle zwei Stunden fährt ein Interregio von Frankfurt nach Konstanz. Autoreisezüge gibt es ab Köln nach Konstanz.
Mit dem Auto: Von Stuttgart auf der A 81 nach Singen, weiter auf der B 33 nach Konstanz.

Touristische Informationen

Tourist-Information
Bahnhofsplatz 13
78462 Konstanz
Tel.: 07531/13 30 30
Fax: 07531/13 30 60

Verkehrsamt Bodman
Seestr. 5
78351 Bodman
Tel.: 07773/5486, Fax: 07773/7370

Aue wird sie genannt
Die Insel Reichenau im Bodensee

„Dort, wo der Rhein von den Höhen der Alpen herabfließt, weitet er sich gegen Westen und wird zum gewaltigen Meere. Mitten in dieses Meeres Flut erhebt sich die Insel, Aue wird sie genannt.“

Die schönen Worte stammen von Walahfrid Strabo, von 842 bis 849 n. Chr. Reichenauer Abt und bedeutender frühmittelalterlicher Dichter.

Heute sind wir zu „seiner“ Insel unterwegs, befahren den 1838 erbauten Damm, der mit einer 1,5 Kilometer langen Pappelallee die Reichenau mit dem Festland verbindet. Sie ist die größte der drei Bodenseeinseln und

Bürgerwehr

liegt mitten im Untersee. Bekannt wurde sie durch ihre drei romanischen Kirchen, den Gemüseanbau, den Fischfang, vielfältige Freizeitangebote und - nicht zu vergessen - ihre Sonnenuntergänge. Solch abendliches Schauspiel vermittelt uns das Gefühl, daß der Süden am Bodensee beginnt.

Farbenpracht: Ein Inselfesttag

Auf der Insel empfangen uns Glockengeläut und blumige Farbenpracht. Wir geraten geradewegs in eine Kirchenprozession und sehen die historische Bürgerwehr in ihren schmucken weiß-roten Uniformen aufmarschieren. Heute wird einer der jährlich insgesamt drei Inselfesttage gefeiert. Urkundlich 1108 erstmals erwähnt, diente die Bürgerwehr einst dem Schutz der Bevölkerung in unruhigen Zeiten.

Großherzog Friedrich I. schenkte 1891 der Bürgerwehr eine Fahne mit dem badischen Wappen. An den Inselfesttagen wird sie feierlich vom Bürgermeister an die wehrhafte Truppe übergeben.

Wir sehen dem Schauspiel zu, neben uns eine Gruppe Trachtenträgerinnen mit prächtigen schwarzen Radhauben. Die Kompanie mit Spielmannszug und Musikzug ist zur Parade angetreten. Sie präsentiert das Gewehr, und die Fahne wird in Empfang genommen.

Heute ist die Bürgerwehr etwa 130 Mann stark. Früher mußte man, um in

Marienmünster

die Truppe aufgenommen zu werden, gebürtiger Reichenauer sein und die Wehrpflicht abgeleistet haben. In unseren Tagen reicht die Erfüllung der ersten Bedingung, so daß die Garde keine Nachwuchssorgen hat. Es gibt sogar eine Warteliste von interessierten jungen Leuten, die mitwirken wollen.

Prachtvoll: Das Marienmünster ...

Wer auf die Reichenau fährt, der tut dies nicht zuletzt wegen ihrer prächtigen Kirchen, die von großer Vergangenheit zeugen. Wanderbischof Pirmin gründete 724 n. Chr. auf der Insel ein Kloster. Sein Denkmal mit Wanderstab und Kreuz heißt alle Besucher beim Betreten des Eilands willkommen.

Im Reichenauer Münster entdecken wir ein Tafelbild im südlichen Seitenschiff, das Pirmins Ankunft und die Klostergründung zeigt. Ziel war die Bekehrung der Alemannen. Das Bild stellt die sogenannte „Schlangenvertreibung“ dar: Würmer und Teufelsgetier verlassen fluchtartig die Insel, als der Benediktinermönch mit einem Kahn vom Festland übergesetzt wird.

Beim Eintritt in die weiten Hallen des Reichenauer Marienmünsters, einer dreischiffigen romanischen Basilika, empfängt uns der wunderschöne Gesang eines Chores. Er singt das „Salve Regina“, das vom Reichenauer Mönch Hermann dem Lahmen Anfang des 11. Jahrhunderts komponiert wurde. Bis heute wird es in der katholischen Kirche gesungen.

Dort, wo heute das Marienmünster steht, errichtete Abt Heito I. bereits 816 n. Chr. das erste Gotteshaus der Insel. Veränderungen und Erweiterungen ließen in der Mitte des 11. Jahrhunderts den Bau in seiner heutigen Form entstehen. Der offene Dachstuhl im

Hauptschiff ist wie ein umgedrehtes Schiff konstruiert. Die Original-Eichenstämme aus dem Jahr 1236 haben bis heute gehalten. Blickfang im Hauptschiff sind das barocke Gitter und der rote Blutaltar.

Rund 1200 Jahre Geschichte sind mit dem Münster verbunden. Das Kloster Reichenau lag als Herzstück im Karolingischen Reich, das im 8. und 9. Jahrhundert in seiner geistigen Bedeutung mit dem Begriff „Abendland" gleichzusetzen war.

Und dies galt auch noch im 10. und 11. Jahrhundert für die Zeit der Ottonen. Die Reichenau war Reichsabtei sowie religiöses, kulturelles und politisches Zentrum Mitteleuropas. Der Niedergang der Benediktinerabtei begann 1540 mit dem Verkauf an den Bischof von Konstanz.

... und seine Schatzkammer

Unsere Entdeckungsreise führt uns aus der prächtigen Klosteranlage in eine kleine, nicht minder faszinierende private Silberschmiede. Im 10. Jahrhundert wurde die Abtei zur großen Kunstwerkstätte des deutschsprachigen Raumes. Neben der Buchmalerei kam vor allem die Reichenauer Gold- und Silbertreibarbeit zu Ruhm. So werden Reichskreuz und Kaiserkrone der Reichenauer Werkstatt zugeschrieben.

Wir bestaunen die filigrane Handarbeit von Stefan Epp, der vor unserer Kamera ein Kreuz der Münster-Schatzkammer restauriert. Stefan Epp ist seit über 25 Jahren Silberschmied. Der Vater war Kirchengoldschmied, von den fünf Geschwistern sind vier ebenfalls Silberschmiede. Stefan Epp hat zahlreiche Stücke der Münster-Schatzkammer restauriert.

Von allen Schätzen, die in der Reichenauer Abtei geschaffen wurden, ist auf der Insel fast nichts mehr erhalten. Reste des einstigen Klosterschatzes lassen sich im Marienmünster besichtigen. In einem gotischen Raum aus der Mitte des 15. Jahrhunderts sind noch die hausförmigen Reliquienschreine aus dem 14. Jahrhundert zu sehen.

Die Münster-Schatzkammer birgt eine Vielzahl kostbarer spätmittelalterlicher und barocker Kunstschätze. Einem alten Brauch folgend werden Schreine und Reliquiare bei den Inselfesten in feierlicher Prozession über das Eiland getragen.

Sonne, See und Urlaubsstimmung

Wir fangen mit unserer Kamera eine Art Stilleben ein. Ein Schwan zieht auf dem klaren Wasser des Sees gelassen an uns vorbei. In den Restaurants am Ufer genießen die Menschen blauen Himmel, Sonnenschein und gutes Essen. Die Reichenau atmet Ruhe und Beschaulichkeit, sie ist ein guter Ort für Erholungssuchende.

Schon lange kann sich die Insel mit dem Prädikat der „reichen Au" schmücken. Ein Teppich aus Feldern, Gärten und Wiesen, kein Zaun hält den Wanderer auf. So ist es kein Wunder, daß die Reichenau in den vergangenen Jahrzehnten zu einem beliebten Ferienziel geworden ist. Im Sommer kann es auch schon mal ganz schön turbulent zugehen.

Oase der Stille: Das Wollmatinger Ried

Dagegen ist das Wollmatinger Ried zu allen Jahreszeiten eine Oase der Stille. Um das Naturschutzgebiet zu erkunden, schließen wir uns einer Führung an. Nirgendwo am Bodensee ist das natürliche Seeufer so gut erhalten.

Über 600 Pflanzen - so die seltene sibirische Schwertlilie und 15 Orchideenarten - sowie über 250 Vogelarten wurden hier nachgewiesen. 1973 wurde das Feuchtgebiet vom „Internationalen Rat für Vogelschutz" zum Europareservat erklärt.

An einem Aussichtspunkt beobachten wir in einer der ausgedehnten Flachwasserzonen Störche und Enten, ein Pärchen Reiherenten - schwarz-weiß das Männchen, braun das Weibchen -, Kolbenenten und Tafelenten, wie unser sachkundiger Führer uns aufklärt.

Das Wollmatinger Ried ist ein Paradies für Wasservögel. In den Herbstmonaten sind hier gewaltige Scharen von Zugvögeln anzutreffen, die das Naturschutzgebiet auf ihrem langen Weg gen Süden als Rastplatz nutzen. Im Winter kann man hier den majestätisch schreitenden Graureiher bewundern und den seltenen Singschwan. Und am Reichenauerdamm läßt sich seit einiger Zeit sogar der Gesang der Nachtigall vernehmen.

Täglich frischer Fisch

Und noch eine Idylle. Im letzten Licht des Tages fahren wir auf einem kleinen Fischerboot auf den See hinaus und filmen ein selten gewordenes Handwerk. Die Fischerei war lange Haupterwerbszweig der Inselbewohner. Heute gibt es noch 39 Berufsfischer auf der deutschen Seite des Bodensees, davon etwa 30 auf der Reichenau.

Das Handwerk ist auch bei Werner Keller Familientradition. Man sieht dem gelernten Bankkaufmann an, daß er glücklich ist, in den Beruf seiner Großväter zurückgekehrt zu sein. Stolz zieht er einen Fisch aus dem Netz und hält ihn vor unsere Kamera. Der Schlei, klärt er uns auf, ist der edelste der Weißfische, er hat ein ganz feines, festes, kerniges Fleisch. Sohn Stefan hat die Aalschnur ausgelegt. Frischer Fisch vom Bodensee und als Beilage frisches Gemüse von der Insel - die Reichenau bietet neben kulturellen auch kulinarische Genüsse. Der Fisch muß schnell und gut gekühlt werden. Die Kellers haben das Eis deshalb schon auf dem Wasser dabei. „Aus den klaren Fluten des Sees täglich ganz frisch, morgens aus dem Wasser, mittags auf den Tisch", sagt Werner Keller. Ein verlockendes Angebot für unseren heutigen Feierabend.

Farbenspiele: Sonnenuntergänge auf der Reichenau

Wandern, Radeln, Schwimmen. Segeln, Surfen, Tauchen - die Freizeitangebote auf der Reichenau sind vielfältig. Für Anfänger gibt es in allen Sparten Kurse. Beim Besuch des Reichenauer Strandbades am Nordufer der Insel fühlen wir uns, als seien wir mitten in einen „Werbefilm" geraten - Sommerfrische pur: Sonnenglut, Kühle des Gewässers, linde Lüfte, ständig wechselnde Stimmungen des Wassers und des Himmels.

900 Betten bietet die Insel, in Hotels, Gasthöfen, Privatpensionen und Ferienwohnungen. Rund 100 000 Übernachtungen werden jährlich verbucht, die meisten auf dem Reichenauer Campingplatz. Hier schlagen vor allem Stammgäste ihre Zelte auf, denn bei einem Besuch bleibt es selten - vor allem dann, wenn man einen der schönen Reichenauer Sonnenuntergänge miterlebt hat.

Auch wir haben dieses Glück und fangen an diesem Abend mit der Kamera das atemberaubende Schauspiel ein: Ein goldener, später in blutrot übergehender Sonnenteppich spiegelt sich auf dem ruhigen Wasser des Sees. Hegau und Hohentwiel sowie der ganze Untersee erscheinen als ein einziges Farbenspiel.

Die Insel als blühender Garten

Die Insel im Bodensee ist noch heute ein blühender Garten. Und auch dies ist den Mönchen zu verdanken. Walahfrid Strabo war der Urahn der Gemüsegärtner. Zwischen 830 und 840 n. Chr. fertigte er die erste Kunde von Gartenbau in Deutschland. Sein „Hortulus" - das Gärtlein - beschrieb in 444 Versen 24 Heilkräuter, Küchen- und Zierpflanzen, die noch heute die Gärten bereichern.

1991 wurde im Klostergarten das „Blumen- und Kräutergärtlein" nach Walahfrids Muster neu angelegt. Bei einer Führung durch die blühende Anlage erfahren wir, welche Heilwirkungen die Pflanzen haben konnten. So hat man früher unterirdische Rhizome ausgegraben, geschält und sie kleinen Kindern gegen das Zahnen gegeben.

In der Werkstatt des Silberschmiedes Michael Teichmann finden wir das mittelalterliche Werk in einem anderen Zusammenhang wieder. Die „Hortulus"-Zeichnungen dienen ihm als Vorlage zierlicher Kunstwerke. Der Künstler arbeitet bevorzugt mit Motiven aus der Natur. Das Buch aufgeschlagen vor sich, stellt er gerade ein Blatt aus Feingold originalgetreu her und verziert es mit Perlen.

Aber nicht nur die Arbeit fasziniert uns, auch die Silberschmiede selbst. Die Werkstatt wirkt wie ein lebendiges Museum. Michael Teichmann lebt in einem denkmalgeschützen Fachwerkhaus aus dem 17. Jahrhundert - dem „Rosendorn". Solche alten Fachwerkhäuser sind auf der Insel mit den drei Ortsteilen Oberzell, Mittelzell und Niederzell keine Seltenheit.

Das Haus „Uricher" legt besonderes Zeugnis architektonischer Kunst ab. Es wurde um 1470 erbaut und diente zu Zeiten des Klosters vermutlich als Gästehaus. Sein Erker ist eine Rarität bei alemannischen Fachwerkhäusern. Bis auf wenige Teile sind die Balken, Pfosten und Streben noch so erhalten, wie sie vor über 500 Jahren mittelalterliche Zimmerleute aufgerichtet haben.

In Mittelzell stoßen wir auf eines der ältesten Fachwerke im Bodenseegebiet: das ehemalige Rathaus. Sein romanisches Untergeschoß stammt aus dem 12., der Fachwerkaufbau aus dem 15. Jahrhundert. Heute residiert hier das Heimatmuseum. Neben jährlich wechselnden Ausstellungen ist Leben und Arbeiten auf der Insel Themenschwerpunkt.

Das Glanzstück des Heimatmuseums sind aber die Exponate Reichenauer Buchkunst. Die Geschichte der Buchmalerei beginnt nämlich auf der Insel. Wir bewundern die ausgestellten Prachtschriften der Mönche, die im Auftrag deutscher Kaiser und geistlicher Fürsten angefertigt wurden. Sie sind Zeugnisse der goldenen Klosterzeit. Im 10. Jahrhundert wurde die Abtei zur einflußreichsten europäischen Malschule. Die Klosterbibliothek war eine der umfangreichsten und bedeutendsten der damaligen Zeit.

Ein Juwel: St. Georg

Unser Inselrundgang führt uns von Mittelzell nach Oberzell, wo wir das baukünstlerische Juwel der Insel aufsuchen: die Stiftskirche St. Georg, erbaut 896 n. Chr. Der dreischiffige Bau mit langer Vorhalle und festem Turm ist eine geglückte architektonische Einheit. Schlicht und schön überragt die Kirche den kleinen Hügel und die wenigen Häuser ihrer Umgebung. Nur sie gibt heute noch Zeugnis von deutscher Wandmalerei im 10. Jahrhundert. Die Darstellung des Jüngsten Gerichts an der Außenwand der Westapsis ist möglicherweise die älteste nördlich der Alpen. Mitte der achtziger Jahre wurde sie umfassend restauriert.

In ihrem Innern bestaunen wir die um 980 n. Chr. entstandenen Fresken, die als bedeutendste Wandmalerei aus ottonischer Zeit weltberühmt sind. Der einzige Bilderzyklus aus dem Frühmittelalter, der nördlich der Alpen erhalten ist, zeigt in großflächigen Darstellungen Szenen aus dem Neuen Testament, die Wundertaten Jesu: Krankenheilung und Totenerweckung. Vorlage für die monumentalen Bilder war die Reichenauer Buchmalerei. Die Farben wurden in Mischtechnik aufgetragen.

St. Georg mit Pirminstatue

Uns zieht vor allem eines der Bilder in seinen Bann. Sein Thema: die Geschwätzigkeit der Weiber und eine bekannte Redensart. Vier Teufel halten das Fell einer Kuh, ein fünfter versucht, das „Weibergeschwätz“ aufzuschreiben. Doch das geht auf keine Kuhhaut.

Computertechnik für den Gemüseanbau

Bei solchem Bilderbuchwetter, wie wir es vorfinden, benötigt das vielfarbig blühende Eiland mehr als nur fruchtbaren Boden. Über 1000 Regnerstellen verwandeln an trockenen Tagen die Reichenau in eine Insel der Springbrunnen. 60 000 Meter Rohrleitungen ermöglichen es jedem Gärtner, Gießwasser aus dem See zu entnehmen - wann, wo und wieviel er will.

Um einen Eindruck von dem heute wichtigsten Erwerbszweig der Inselbewohner zu gewinnen, besuchen wir das Gewächshaus von Gerhard Uricher. Wir finden den Gärtner - nein, nicht mit Heckenschere und Schürze, sondern an seinem Computerarbeitsplatz. Auch Gerhard Uricher nutzt die Vorzüge moderner Techniken.

Lange mußte man auf der Reichenau mit dem Etikett der Giftinsel leben. Zuviel gespritzt und gestreut - das war der nicht immer unbegründete Vorwurf. Und heute? Das Treibhausgemüse wird mit Tropfwasser nur noch gezielt an den Wurzeln gegossen. Heißer Wasserdampf tötet Larven und Maden im Erdreich. Statt der chemischen Keule werden Nützlinge eingesetzt, um Schädlinge fernzuhalten.

Ein Einsatz, der erheblich teurer und arbeitsaufwendiger ist, wie Gerhard Uricher uns aufklärt. Dies erfordert von den Gärtnern mehr Wissen und gezieltere Kontrolle.

Lohn der Arbeit? Die Reichenau gehört mit ihren 4,5 km Länge und 1,5 km Breite zu den größten Gemüsegärten Europas. Mehr als die Hälfte der 430 Hektar Inselfläche ist mit Beeten bedeckt. Das günstige Klima und die Gewächshäuser garantieren bis zu drei Ernten pro Jahr.

Die „reiche Au"

Zum Abschluß unserer Dreharbeiten besuchen wir die Stiftskirche St. Peter und Paul in Niederzell. Mit ihrer schlichten, würdevollen Schönheit vergegenwärtigt sie uns noch einmal die große, traditionsreiche Geschichte der Reichenau. St. Peter und Paul wurde um 800 n. Chr. für Bischof Egino von Verona erbaut, der zuvor als Mönch auf der Insel gewirkt hatte. Die Fresken in der Hauptapsis sind Zeugnisse romanischer Wandbildkunst aus der Zeit von 1104 bis 1126. In seltsamem Kontrast dazu steht das Rokokogewölbe aus dem 18. Jahrhundert.

Die Reichenauer sind ein besonderes Völkchen - sagen die vom Festland. Geprägt durch die Insellage, durch Geschichte, Kultur und Traditionen. Man ist stolz, ein Insulaner zu sein. Und während wir uns auf den Heimweg begeben und Richtung Festland zurückfahren, lassen wir die Eindrücke unserer Dreharbeiten noch einmal an uns vorüberziehen. Wahrlich: Die „reiche Au" ist ein Kleinod am Untersee. Schatzkammer, Sonnenstube, Obst- und Gemüsegarten. Ort der Ruhe und Beschaulichkeit. *„Reichenau, grünendes Eiland, wie bist du vor andern gesegnet."*

Der Beitrag beruht auf dem Film von Rudolf Werner.

St. Peter und Paul

So kommt man hin

Mit der Bahn: Mit dem Interregio nach Konstanz und von dort mit dem Bus auf die Reichenau.
Mit dem Auto: Von Stuttgart auf der A 81 nach Singen, weiter auf der B 33 Richtung Konstanz, ca. 12 km vor Konstanz Abzweigung zum Inseldamm.

Touristische Informationen

Verkehrsbüro Reichenau
Ergat 5
78479 Insel Reichenau

Tel.: 07534/9 20 70
Fax: 07534/92 07 77

Die Mainau im Spiel der Jahreszeiten

Wer kennt sie nicht: die Mainau, Blumeninsel im Bodensee? Jährlich lockt das kleine Eiland, das acht Kilometer von Konstanz entfernt im Überlinger See liegt, knapp zwei Millionen Menschen an. Es sind Tagesausflügler, denn auf der Insel gibt es keine Übernachtungsmöglichkeiten.

Das ganze Jahr über bietet die Mainau mit ihrem wechselnden Blütenmeer von Orchideen über Tulpen, Rhododendren und Rosen bis hin zu den herbstlichen Astern und Dahlien ein einladendes, farbenfrohes Bild. Wir wollen die Insel im Spiel der Jahreszeiten erkunden und lernen auch eine „andere" Mainau kennen: Neben Blumen- und Pflanzenpracht finden wir ökologische Konzepte und kulturelle Angebote.

Frühlingsimpressionen mit Chopin
Im März jeden Jahres beginnt die Blumensaison auf der Mainau mit der großen Orchideenschau im Palmenhaus der Insel. Um diese mitzuerleben, fahren wir vom Festland mit dem Inselbus über die 120 Meter lange Brücke zur Mainau. Wir werden von den Vorboten des Frühlings begrüßt: Krokusse und Winterlinge, Schneeglöckchen, Märzenbecher und Blausternchen - hier wird der Winter schneller und bunter vertrieben als anderswo.

Unser Weg führt zunächst zum Schloß, das auf dem Hügel der Insel liegt: Im Weißen Saal liest der Höri-Schriftsteller Bruno Epple aus seinen Werken, Reinhard Walz spielt Musik von Frédéric Chopin, und wir erleben eine schöne

Einstimmung zu unserer Reise in den „Park der Vier Jahreszeiten“.

Unterwegs im gräflichen Garten

Nach der Matinee haben wir uns zum Interview mit Graf Lennart Bernadotte und seiner Frau Sonja verabredet, die uns in ihren Privaträumen im linken Schloßflügel empfangen. Wir sprechen über Geschichte und Zukunft der Insel.

So erfahren wir, daß sich die Mainau seit 1853 in Familienbesitz befindet, als Großherzog Friedrich von Baden das tropfenförmige, 45 Hektar große Eiland als Sommersitz erwarb. Als großer Pflanzenliebhaber legte der Großherzog den Grundstock für die heutige Parkanlage. Er brachte von seinen Reisen allerlei seltene Bäume mit, die er auf der Mainau anpflanzen ließ: Gemüsegärten und Kartoffeläcker verschwanden, die Mainau wurde zur Tropeninsel.

Heute hat sein Urenkel Graf Lennart Bernadotte die Mainau bewußt einem breiten Publikum zugänglich gemacht und sie zusammen mit seiner Frau Sonja zu einem großen Wirtschaftsunternehmen und touristischen Zentrum ausgebaut. 450 Mitarbeiter sind bei der Mainau GmbH beschäftigt, davon sorgen rund die Hälfte im gastronomischen Bereich für das leibliche Wohl der Besucher. Um die Park- und Gartenanlagen kümmern sich mehr als 70 Gärtner. Der Rest der Belegschaft arbeitet in den Bereichen Fremdenverkehr und Verwaltung.

Neben den Blumenausstellungen werden andere „Standbeine“ ausgebaut. Vor allem kulturell und kulinarisch will man die Besucher locken. Mit Ausstellungen, Open-Air-Konzerten, Seminaren und Schlemmerküchen soll das Programm noch weiter aufgewertet werden.

Schloß und Kirche

Orchideenschau im Palmenhaus

Nun ist es aber soweit: Wir besuchen das Palmenhaus, das von Mitte Oktober bis Ende Mai auf der Terrasse des Schlosses zur Überwinterung der alten Palmen aufgebaut ist. Von März bis Mai ist hier die Große Orchideenschau zu sehen, die von der Gärtnerin Gaby Schöngarth vorbereitet wird. Eine grüne Dschungellandschaft empfängt uns.

In dieser Kulisse formieren sich die 2500 Orchideen zu einer der bedeutendsten Ausstellungen in ganz Europa. Gaby Schöngarth zeigt uns die absoluten Stars: Cymbidien, grünlich mit purpurfarbener Lippe, und die gigantische Phalaenopsis. Um die sagenumwobene Dracula vampira, die schwarze Orchidee, bewundern zu können, kommen wir leider noch zu früh. Aber bald wird auch sie hier erblühen. Herrliche exotische Farben, Formen und Gerüche nehmen uns gefangen - ein Tropenerlebnis unter Glas im noch winterlichen Deutschland.

Spargelgenuß und Fotografenkunst

Mit einsetzendem Frühling wird die Mainau von einem Blütenteppich aus Tulpen, Narzissen und Hyazinthen überzogen, die wild und romantisch auf den Wiesen des Parks blühen. Im „Arboretum“, der historischen Baumsammlung, die mit ihren Mammutbäumen hinter Schloß und Kirche auf der Ostseite der Insel liegt, blühen die Magnolien. Wenig später - im Wonnemonat Mai - werden Rhododendren und Azaleen ihr Farbenspiel entfalten.

Von Ostern bis Mitte Oktober fahren die Schiffe der „Weißen Flotte“ die Mainau an. In der „Schwedenschenke“ kann man sich mit raffinierten Spargelkreationen verwöhnen lassen. Ob Spargelbuffet oder à la carte, drei Wo-

Tulpenwiese im Frühling

Palmen und Rosen im Sommer

chen lang wird hier im April der „schlanke Genuß“ angeboten. Wir besuchen das Restaurant aus einem anderen Grund. Hier sind Fotographien von Graf Lennart Bernadotte zu sehen. Seine Makroaufnahmen, bunte Pflanzen auf schwarzem Grund, haben ihm schon weltweit in verschiedenen Ausstellungen Anerkennung eingebracht.

Markttag auf dem Mainau-Bauernhof

Wer im Sommer auf die Mainau reist, wird von den Duftnuancen der Rosenstöcke empfangen, die - 30 000 an der Zahl und über 1200 Arten - im „Italienischen Rosengarten“ und an der „Straße der Wild- und Strauchrosen“ eine faszinierende Pracht entfalten.

Auf dem Mainau-Bauernhof ist ab Mai jeden Mittwoch Markttag. Die regionalen Produkte, die hier feilgehalten werden, sind zum Teil selbst hergestellt und aus ökologischem Anbau: Honig, Kräuteressig, frische Kräuter, Blumenzwiebeln und andere gezogene Pflanzen erfreuen sich großer Beliebtheit. Wir kaufen an einem Kiosk ein Andenken an unseren Aufenthalt auf der Mainau. Bücher und Videos über die Insel gibt es hier ebenso wie lustige Maskottchen, edle Accessoires und geistvolle Getränke.

Kinderprogramm: Bauernhof ....

Auch für Kinder ist auf der Mainau bestens gesorgt. Wir haben für unsere Dreharbeiten eine Gruppe Erstklässler „engagiert“, um die Insel mit ihren Augen zu erkunden. Im „Kinderland“ am Eingang der Mainau gibt es riesige bunte Blumentiere und einen großen Spielplatz, auf dem die Kleinen klettern, schaukeln und wippen können. Für ein paar Pfennige fährt die weltweit erste Märklin-Outdoor-Modelleisenbahn durch 150 Quadratmeter Gartenanlagen - ein Erlebnis nicht nur für kleine Eisenbahnfans.

Gleich daneben im Tiergehege des Mainau-Bauernhofs gibt es für die Kinder einen Streichelzoo mit Ponys, Eseln, Zwergziegen und Kaninchen zum Anfassen. Auch fast ausgestorbene Haustierrassen begegnen uns hier: die Hinterwälder Kuh und der Deutsche Sperber, eine alte Hühnerrasse, die nach heutigen EG-Normen nicht mehr genügend Eier legt. Ein alter Garten mit Kräuterbeeten wie zu Großmutters Zeiten rundet das Bild vom früheren Landleben ab. Die Kinder sind begeistert.

... und „Grüne Schule“

Danach geht es quer über die Insel zum Arboretum. Hier hat Gerhard Worm, Abteilungsleiter für Ökologie und Naturerziehung auf der Mainau, einen Naturerlebnispfad für die Kinder eingerichtet. Da heißt es, mit verbundenen Augen den Untergrund erfühlen: Torfboden, Laub und Kies. Bäume werden auf die gleiche Weise ertastet. Ohne Augenbinde müssen danach die unterschiedlichen Arten wiedererkannt werden. Welcher hatte denn nun diese grobe Rinde und zackigen Blätter?

Zum Abschluß leitet Cosima Blaschke von der Mainauer „Grünen Schule“ die Kinder im Gewächshaus zum eigenhändigen Blumenpflanzen an. Der praktische Biologieunterricht wird für Schulklassen, Kindergärten, Volkshochschulen und AGs angeboten.

Jede Menge „Ökotips“

Wir verlassen die Kinder und suchen das Informationszentrum „Gärtnerturm“ neben dem Schloß auf. Hier kann der Besucher fachlichen Rat in Gartenfragen und jede Menge Ökotips zur Pflege der eigenen Pflanzen erhalten. Wir interessieren uns für die im Obergeschoß halbstündlich vorgeführte Multivisionsschau über den Naturraum Bodensee auch aus filmtechnischen Gründen: 14 Projektoren werfen - mit musikalischer Untermalung - eine umwerfend schöne Bodenseelandschaft auf die Leinwand, zeigen ihre wertvollen Naturschätze und informieren über Gefährdung und Grenzen der Belastbarkeit des Ökosystems.

Auf der Mainau werden beachtliche Anstrengungen unternommen, Natur- und Landschaftspflege in die Praxis umzusetzen. Gegen die Künstlichkeit der Insel überläßt man am Rand der angelegten Beete Wildwiesen sich selbst und setzt auf eine biologisch-organische Bewirtschaftung der Obstkulturen.

Außerdem wird die Anreise der Besuchermassen mit öffentlichen Verkehrsmitteln gefördert; es gibt günstige Kombi-Angebote für Bahn- und Schifffahrten. Wer im Sommer den Touristenströmen ausweichen will, sollte die Insel morgens zwischen sieben und zehn Uhr besichtigen - das frühe Aufstehen lohnt sich.

Dahlien, Obst und Schnaps

Aber auch die Vor- und die Nachsaison auf der Mainau sind empfehlenswert. Im frühen Herbst wird der Besucher von über 20 000 blühenden Dahlienbüschen empfangen. Ihre verschiedenfarbigen Blütenköpfchen geben der Insel ein buntes Gesicht. Auch die Bäume im Arboretum sind in flammende

Herbstfarben getaucht und laden zu stimmungsvollen Spaziergängen ein.

Im Herbst werden die meisten Grünpflanzen in die Gewächshäuser umgebettet, für die Gärtner der Mainau eine arbeitsame Zeit. Die Bambusstauden werden verpackt und das Palmenhaus auf der Schloßterrasse aufgestellt. Da das alte für die fast 110jährige Phönix-Palme mit ihren stattlichen 14 Metern schon zu klein geworden ist, hat man jetzt den Bau eines neuen, stabileren Überwinterungshauses geplant, das neben familienfreundlichen Ausstellungen auch eine Kinderecke und ein kleines Bistro beherbergen soll.

Auch in den Obstplantagen gibt es im Herbst viel zu tun: Cibaden werden geerntet und in einer eigenen Schnapsbrennerei zu einem ganz besonderen Schnaps verarbeitet. Zusammen mit anderen Sorten wie Williams, Obstler, Zwetschge und Kirsche kann man den Mainauer Apfelschnaps an den Kiosken kaufen oder in den Restaurants der Mainau probieren.

Sehenswert: Die Barockkirche St. Marien

Vom Informationszentrum führt unser Weg zur barocken Schloßkirche St. Marien, die - neben dem Schloß - das einzige Gebäude auf der Mainau ist. Beide, Kirche und Schloßanlage, wurden Anfang des 18. Jahrhunderts vom Deutschen Ordensbaumeister Johann Kaspar Bagnato erbaut.

Bis zu diesem Zeitpunkt hatte die Mainau eine wechselvolle Geschichte hinter sich. Die besonderen klimatischen Bedingungen haben schon früh

Dahlien im Herbst

Menschen auf die Insel gebracht. An ihrem Südufer wurde eine Pfahlbautensiedlung aus der Jungsteinzeit entdeckt. Die Römer nutzten die Mainau als strategischen Stützpunkt. Seit dem 9. Jahrhundert gehörte sie dem Reichenauer Kloster und fiel 1272 dem Deutschen Orden zu, dem sie bis zur Säkularisierung im Jahr 1806 gehörte.

In der schönen barocken Schloßkirche bewundern wir vor allem die Deckenfresken und die „Schwarze Madonna" von Johann Baptist Babel. Auf der Orgel spielt der ehemalige Konstanzer Münsterorganist Konrad Philipp Schuba für uns, der hier öfters für Konzerte oder bei Hochzeiten ein Stelldichein gibt. Für ihn sei der Herbst eine der schönsten Jahreszeiten auf der Mainau, gesteht er uns, dann sei hier noch nicht so viel los.

Das Schloß im Winter

Tropen und Exoten im Schmetterlingshaus

Auch im Winter bietet die Mainau ein vielseitiges Programm. Konzerte, Lesungen, Ausstellungen und Gartenseminare locken ebenso wie besondere kulinarische Angebote.

Für uns steht jetzt ein Besuch des tropischen Schmetterlingshauses auf dem Drehplan. Hier sind auf rund 1200 Quadratmetern Hunderte von exotischen Schmetterlingen zu bestaunen. Wir dürfen Franz Schacherer über die Schulter schauen, als die gerade aus London angelieferten Puppen aufgefädelt werden. Manche vermehren sich aber auch innerhalb des Schmetterlingshauses, so beispielsweise die Raupenart, die sich später zum prächtigen Schwalbenschwanz entwickelt.

Neben dem tropischen Schmetterlingshaus wurde ein Gartenteil eigens für heimische Schmetterlinge eingerichtet. Hier findet man Anregungen, wie sich selbst auf kleinem Raum ein Hausgarten realisieren läßt.

Zum Abschluß treffen wir die Gartendirektorin Monika Böhm, die uns über die günstigen Klimabedingungen aufklärt. Im Winter schütze der Bodensee die exotischen Pflanzen und Gehölze wie eine Wärmflasche, erläutert sie. Und im Frühjahr sorge das inzwischen kaltgewordene Seewasser für kühle Temperaturen. Dies verhindere ein allzuschnelles Austreiben der Pflanzen und bewahre sie vor Frostschäden - ein clever ausgeklügeltes System der Natur, dem die „Maienaue" ihren Pflanzenreichtum verdankt.

Etwas melancholisch gestimmt nehmen wir Abschied von der schönen Insel, aber die Mainau lehrt einen die Gelassenheit der Natur: Jedes Frühjahr warten hier eine Million Blumenzwiebeln auf ihren „Einsatz“. Dann wird die Insel ein blühendes Schiff im Bodensee. Doch gleich, welche Pracht sie in den vier Jahreszeiten entfaltet, die Mainau ist immer etwas Besonderes.

Der Beitrag beruht auf dem Film von Willy Meier.

Spargelmousse mit Trüffel

Zutaten: 500 g weißer Spargel, 5 g schwarzer Trüffel, in kleine Würfel schneiden, 1 Zitrone, 5 Blatt Gelatine, 0,3 l Sahne, Salz, Butter, Zucker
Zubereitung: Spargel in Salz-Zucker-Butterwasser garen und erkalten lassen. Dann den Spargel zweimal durch die feinste Scheibe des Fleischwolfes drehen und durch ein Haarsieb streichen. Mit Salz, Zitronensaft, Zucker würzen und mit der aufgelösten Gelatine vermischen. Die halbfest geschlagene Sahne unterheben und die geschnittenen Trüffel beigeben, in Formen füllen (z. B. Timbaleförmchen oder Terrinenformen) und vier bis fünf Stunden kaltstellen. **Tip:** Dazu eignet sich eine Spinat-Yoghurtcreme, eine Vinaigrette oder Kerbelschaum.
Angaben für fünf Personen.

Lammfilet im Kräutermantel

Zutaten: 500 g geputztes Lammrückenfilet, 20 g Pflanzenfett zum Anbraten, 5 g Pfeffer, 20 g Salz, 2 zerdrückte Knoblauchzehen, 1 Zweig Basilikum, fein geschnitten (nur die Blätter), 1 Zweig Thymian, 1 Zweig Mayoran, 1 Zweig Petersilie, 1 Zweig Schnittlauch, 200 g Schweinenetz (gewässert), 200 g Schalotten in feine Würfel geschnitten
Zubereitung: Alles in 20 Gramm Butter goldgelb anschwitzen und kühl stellen. Das Fett in eine Bratpfanne geben und die gewürzten Lammrückenfilets auf beiden Seiten anbraten. Aus der Pfanne nehmen. Das gewässerte Schweinenetz in Rechteckform auslegen, mit Kräuterfarce bestreichen, ca. 5 mm dick, das Lammfilet darauf legen und einwickeln.
Angaben für vier Personen.

Rezepte von Herbert Brand, Küchenchef der „Schwedenschenke“/Insel Mainau

So kommt man hin
Mit der Bahn: Mit dem Interregio nach Konstanz und von dort mit dem Bus auf die Mainau.
Mit dem Auto: Von Stuttgart auf der A 81 nach Singen, weiter auf der B 33 Richtung Konstanz, ca. 12 km vor Konstanz Abzweigung nach Konstanz-Litzelstetten

Touristische Informationen
Blumeninsel Mainau GmbH
78465 Insel Mainau

Tel.: 07531/3030
Fax: 07531/303-248

Der Untersee
Eine Winterreise an den Bodensee

Winterliches Ufer bei Horn

Unsere Winterreise an den Untersee beginnt von einem ganz ungewöhnlichen Standpunkt. Wir stehen mitten auf dem größten Binnengewässer Deutschlands, dort, wo sich im Sommer die Badegäste und Hobbysegler tummeln. Eine dicke weiße Eisdecke überzieht das Wasser und läßt den bergig eingerahmten See zu einer ungewohnten Tiefebene auf Zeit werden. Wie bei allen Dingen mit dem Reiz des schnell Vergänglichen hat das Vergnügen damit den Charme des Augenblicks.

Schlittschuhlaufen auf dem Bodensee

Minusgrade sollten also nicht schrekken. Im Gegenteil: Wenn es lange genug kalt ist und Teile des Bodensees einmal zufrieren, dann ist die quadratkilometergroße Eisdecke solide Basis für ein spontanes Volksfest. Tag für Tag genießen die Einheimischen das ungewohnt weitläufige Platzangebot. Über 10.000 Menschen treffen sich dann am Wochenende auf dem Eis. Heiße Getränke sind die Renner: Mit Glühwein, Schoki, Muntermachern und Würstchen vom Rost werden frierende Seebesucher von den Budenbesitzern verwöhnt, die sich flugs auf dem Wasser breit gemacht haben.

Wir mischen uns unter die Menge und fangen mit der Kamera nicht gerade alltägliche Bilder ein: Dick vermummt sitzen da Kinder auf ihren Schlitten, Plastikbobs oder Weinkisten oder werden auch schon mal von ihren Müttern in Kinderwägen über den See geschlittert. Ein Radfahrer mit Schlittschuhen fährt uns durchs Bild, und Hunde sind drollig anzusehen, wie sie vorsichtig das ungewohnte Terrain betapsen.

Auf blankem Eis spielt die nicht vom Abstieg - höchstens vom Einbruch - bedrohte Eishockeyliga: „Hegne Heckenschützen“ kämpfen gegen die „Reichenauer Raubritter“ um den sofort leer zu trinkenden Fünf-Liter-Pokal Glühwein. Unübersehbar leuchten die knallorangenen Anoraks der Rettungssanitäter im milchigen Licht. Weiter draußen gegen den Horizont sind die Menschen einzige Farb- und Orientierungspunkte. Nicht auszumachen, wo der Himmel aufhört und das Land, besser der See, anfängt.

Polizeitaucher im Probeeinsatz

Auf der Suche nach dem perfekten Eis gehen jedes Jahr einige Schlittschuhläufer einen Schritt zu weit, und nur wenigen gelingt die Rückkehr. Wir verfolgen an Bord des Wasserschutzpolizeibootes einen Rettungseinsatz mit - einen geprobten, versteht sich, denn im Ernstfall ist jede Minute kostbar. Wenn ein Unfall passiert, muß die Polizei unters Eis: Versicherungen zahlen den Hinterbliebenen nur, wenn der Tod eindeutig geklärt ist.

Sicherlich gehört ein solcher Einsatz zu den am wenigsten beliebten Aufgaben der Wasserschutzpolizei. Im Winter - so gestehen die Beamten - liege die Kündigung schon mal auf den gefrorenen Lippen. Gefangen unter einer Eisdecke, eine Schreckenssituation, die sich die meisten lieber nicht vorstellen wollen.

Mit Neoprenanzug und Sauerstoffgerät wagen sich die Taucher ins eiskalte Naß. Sie testen, wie weit das Eis noch trägt. Mit Seilen gesichert und vom Polizeiboot aus auf's genaueste beobachtet, nähern sie sich dem Übergang zum offenen Wasser. Dann bricht das Eis. Während wir vom sicheren Schiff aus zusehen, wagt unser Kameramann den Blick ins Unbekannte: Er geht mit unters Eis.

Die Bilder, die wir anderen dann zu Hause im Schneideraum zu sehen bekommen, sind wie aus einer anderen Welt: Gespenstisch schimmert das diffus-grüne Wasser, unklar, ob da Himmel oder Eis über einem sind, alle Laute sind verschluckt. So unheimlich und irreal wir die Aufnahmen auch finden, es ist faszinierend und aufregend, auf so sichere Weise einen Blick in eine Welt werfen zu können, die einem ansonsten verborgen geblieben wäre.

Wer frische Fische fischt ...

Unser nächster „Dreheinsatz“ findet auf offenem Wasser statt: im kleinen Boot von Fischer Willi. Der eiskalte See macht den Fischern zu schaffen. Ihr Handwerkszeug verwandelt sich in dicke Eisklumpen, das Fangnetz mutiert zum unbeweglichen Drahtgitter. Ärgerlich zudem: Die Fische verschwinden bei diesen Kältegraden von ihren gewohnten Plätzen und wandern in die Tiefe ab. Dabei ist die Nachfrage nach Fisch im Winter besonders hoch. Für die wenigen offenen Regionalküchen ist es die Zeit für diese Delikatessen.

Wer im Winter an den See zum Essen geht, weiß eine gute Küche sehr zu-

Blick auf Meersburg

schätzen. Fischer Willi wirft daher seine Netze so oft wie möglich aus. Wir sind dabei, als er gerade eine Trüsche aus dem Wasser zieht, der einzige dorschartige Süßwasserfisch, beliebt durch seine extrem große Leber, die als Spezialität mitgegessen werden kann.

... und den kühnen Rebschnitt wagt

Auch für die Winzer ist der Winter eine durchaus arbeitsame Zeit. Zwischen schneebedeckten Rebstöcken sind wir nicht allein, Winzer Aufricht ist bei der Arbeit. Der Winter ist die Zeit des Rebschnitts, und wie heißt's da so schön: Am mutigen sollt ihr die Qualität erkennen. Winzer Aufricht läßt nur zwei Rebzweige übrig.

Vor allem die unabhängigen Weinbauern am See setzen auf Klasse, nicht nur seit sich herumgesprochen hat, daß sich mit weniger unterm Strich durchaus mehr verdienen läßt. Ein Tip für Genießer: Man sollte nicht nur Weiß-, sondern auch mal Rotwein vom Bodensee probieren.

Glühwein und Mittagstisch

Unsere Reise führt uns nach Meersburg. Hier scheinen die Bürgersteige hochgeklappt. Schilder machen uns darauf aufmerksam: „Bis zum Frühjahr außer Betrieb“ oder „Ab März wieder geöffnet“ ist da zu lesen. Noch muß die Tourismusbranche den Winter als Jahreszeit entdecken. Die wenigen Gastronomen, die offen lassen, haben Muße, den Wintergast intensiv zu betreuen.

Zum Beispiel der Cafébesitzer Thomas Uhrig. Seine „Dagobert-Klause“ wirbt auf einer kreidebeschriebenen Tafel mit Glühwein und Mittagstisch. Das lassen wir uns nicht zweimal sagen: Nach all den feuchtkalten Eindrücken haben wir eine Erholungspause verdient. Obwohl die Einnahmen gerade mal die Kosten decken, hält Thomas Uhrig sein Restaurant geöffnet. Ein Service für den Gast, der nicht überall vor verschlossenen Türen stehen soll, meint er.

Nachdem wir uns in der heimeligen Atmosphäre des Restaurants aufgewärmt und gestärkt haben, strahlen die leergefegten Straßen der Stadt einen eigenen Glanz aus. Meersburg im Winter, das heißt: schneebedeckte Häuserdächer wie aus dem Märchenland, weiße Sommerliegestühle wie zufällig vergessen, Juteschleier um dick eingepackte Palmen, die wie abstrakte Skulpturen aussehen.

Meersburg und sein Altes Schloß

Vom Garten des Meersburger Schlosses aus sehen wir den Winter mit den Augen der Dichterin Annette von Droste-Hülshoff, die hier als Schwägerin des Freiherrn Joseph von Laßberg längere Zeit lebte. *„Der See verschimmerte mit leisem Dehnen / Zerflossne Perlen oder Wolkentränen?“* Etliche der oft schwermütigen Gedanken der Dichterin werden erst nachvollziehbar, wenn man die eigenwillige Winterstimmung am Bodensee in sich aufgenommen hat.

Im Innern der Burg sind wir allein und haben bei unserer Besichtigung das Gemäuer für uns. Es verströmt einen zeitlosen Zustand. Wie vor Jahrhunderten ist die Burg jetzt ungeheizt, die Mauern sind feucht und kalt. In den museal eingerichteten, wandbebilderten Sälen fragen wir uns, ob das Ritterleben tatsächlich so erstrebenswert gewesen ist? Zumindest im Winter darf dies bezweifelt werden.

Ein wenig „Entschädigung“ gibt es im Arbeits- und Sterbezimmer der von

Altes Schloß

Droste-Hülshoff. Von hier aus haben wir einen einzigartigen Ausblick auf den See. Das Bildnis der Dichterin blickt zu uns herüber, und wieder kommen uns Zeilen aus ihrem berühmten Gedicht „Mondesaufgang" in den Sinn: *„Das Dunkel stieg, die Schatten drangen ein."* Wenig später ist die Droste als Dichterin verstummt, in diesem Zimmer aber bleibt ihr Geist lebendig.

Kleinkulturtip: Ein Ausflug nach Singen

Eine Winterreise an den See muß nicht unbedingt die pure Ruhe und Abgeschiedenheit sein. Gerade in der kalten Jahreszeit blüht rings um den Bodensee eine erstaunliche Kleinkultur. Eines der Zentren ist die Stadt Singen und hier das Kulturzentrum Gems. Für viele Gruppen aus der Region waren solche Wintertouren am See das Sprungbrett in die Bekanntheit.

Auch wir freuen uns an diesem Abend auf etwas Abwechslung. Nicht gerade leise Weisen erklingen auf der Bühne. Es spielt die Schwarzwäldergruppe Blues Quamperfect auf. Mit Posaune, Saxophon, Gitarre und Schlagzeug sorgen sie für gute Stimmung im Saal. „This is tonight and I am feeling all right", singen die Sängerinnen im Duett. Das Kulturzentrum Gems in Singen ist ein guter Ort, den Alltag mal hinter sich zu lassen.

Wandern auf dem Bodanrück

Am nächsten Tag zieht uns die winterlich weiße Pracht vor unserem Fenster früh an die Arbeit. Wir sind unterwegs zum Bodanrück, der Halbinsel zwischen Gnadensee und Überlinger See, die sich von Radolfzell und Bodman nach Konstanz zieht.

Der ständige Wechsel von Temperaturen um den Nullpunkt und hohe Feuch-

Ausblicke beim Wandern

tigkeit haben den Bodanrück in einen Märchenwald verwandelt. Die hügelige Landschaft bietet Wanderern abwechslungsreiche Wege. Heute sind Spuren im Schnee jedoch äußerst selten. Wir haben die kleinen steil ansteigenden, verschneiten Straßen bezwungen und werden reich belohnt: mit herrlichen Bildern für unsere Kamera und einer für lärmgeplagte Städter fast beängstigenden Stille.

Mitten in der überzuckerten Landschaft stoßen wir plötzlich auf eigenartig aussehende Kühe. Gemächlich weiden die großen, zottigen Rinder in Schnee und Kälte vor sich hin. Als wir genauer hinsehen, erkennen wir: Es sind Bisons, korrekt „Amerikanische Steppenrinder“. Bei Liggeringen stehen sie das ganze Jahr auf einer riesigen Weide mit der Chance, sich unbeobachtet zu mehren. Für ihre Besitzer stellt der Bisonfleischverkauf an Feinschmeckerrestaurrants der Umgebung ein gutes Zubrot dar.

Schmetterlinge auf der Mainau

Sollte einen wie uns nach ein paar Stunden in Schnee und Kälte das nachdrückliche Verlangen nach höheren Temperaturen überkommen, so ist das kein Problem: Gleich um die Ecke gibt's blühende Orchideen, farbenprächtige Schmetterlinge und plätschernde Wasserfälle. Nur zehn Autominuten vom eingefrorenen Märchenwald auf dem Bodanrück entfernt, wärmt uns das tropische Ambiente der neuesten Attraktion der Touristen-Insel Mainau gründlich auf.

Das ganzjährig geöffnete Schmetterlingshaus ist im Winter eine empfehlenswerte Adresse, im Sommer kommen auf jedes Insekt etwa zehn Besucher. Die Schmetterlinge stammen aus allen Teilen der Welt. Der handzahme orange-schwarze Monarch ist das schönste, was Nordamerika zu bieten hat. Die anderen kommen ursprünglich aus tropischen Gegenden.

Einkehrtip:
Die „Schwedenschenke“

Ein Falter besonderer Art erwartet uns in der Mainauer „Schwedenschenke“: Er ist aus Blätterteig geformt und bildet zusammen mit leckeren Eiskugeln, Früchten und Sahne einen prachtvollen Nachtisch. Wir lassen uns in der „Schwedenschenke“ mit Essen vom feinsten für Auge und Gaumen verwöhnen und feilschen danach wie auf einem Basar. Den Preis der Speisen bestimmt hier nämlich der Gast. Allerdings: Die Kundschaft hat mit der neuen Freiheit noch so ihre Probleme. Wenn Küchenchef Herbert Brand zur Abrechnung naht, werden Kalbsleber und Kaninchenrücken immer wieder neu geschätzt.

Ein Paradies für
Freunde der Ornithologie

Draußen auf dem Wasser ist der Teufel los. Zigtausende von Vögeln kommen aus dem noch kälteren Norden in die Winterfrische an den Bodensee. „Zigtausende“, sagen wir, denn Vögel, soweit das Auge reicht, korrekt und wissenschaftlich ist das aber nicht. Dafür gibt es seit Jahrzehnten die Einrichtung des gründlichen deutschen Vogelzählers. Mit Fernglas und Zähluhr treffen wir ihn am Ufer an, in höchster Konzentration, akribisch zählend.

Abendimpression

Harald Jacoby, ehedem bei der Deutschen Umwelthilfe, heute Geschäftsführer der Bodensee-Stiftung, klärt uns über die Bestandsentwicklung der Vögel auf. Die meisten Tiere kommen jeden Winter an den See, unterrichtet er uns, „Stammgäste", wie individuell markierte Kormorane oder Möwen, halten ihm bis zu zehn Jahren die Treue.

Kabarett im „Theaterstadel"

Zum Abschluß unseres Ausfluges suchen wir eine eigenwillige Adresse im Hinterland des Bodensees auf: den „Theaterstadel", das Wirtshaus am Gehrenberg in Markdorf. Mit Zähigkeit und Energie hat Brigitte Schirl in 18 Jahren aus dem „halbseidenen" Gasthaus mit angeschlossenem Schweinestall ein gutes Restaurant gemacht.

Meistens hat man Mühe, abends an den rustikalen Tischen und Bänken einen Platz zu finden. Der Theaterstadel ist zudem ein schmucker Ort für Konzerte und Kabarettabende. Wie meistens während der dunklen Jahreszeit, sind auch heute alle Plätze ausverkauft. Die „Märchenprinzen" sind zu Gast, sie nehmen witzelnd und selbstironisch das Kabarett in der tiefsten Provinz aufs Korn.

Der Bodensee im Winter - beileibe kein totes Pflaster, wie wir festgestellt haben. Vielleicht bieten die menschenleeren Promenaden ein ungewohntes Bild, doch eine Winterreise am Untersee ist so etwas wie Liebe auf den zweiten Blick.

Der Beitrag beruht auf dem Film von Peter Kemnitzer.

So kommt man hin
Mit der Bahn: Der nächste Bahnhof für Meersburg ist Uhldingen-Mühlhofen, aber auch von den Bahnhöfen Friedrichshafen und Radolfzell fahren regelmäßig Busse nach Meersburg.
Mit dem Auto: Von Stuttgart auf der A 81 nach Singen, weiter auf der A 98 Richtung Lindau, weiter auf der B 31, die nach Meersburg führt.
Von München und Ulm auf der A 96 nach Lindau, von dort auf der B 31 nach Meersburg.

Touristische Informationen
Kur- und Verkehrsverwaltung Meersburg
Kirchstr. 4
88709 Meersburg

Tel.: 07532/431110
Fax: 07532/431120

Die Höri
Kleines Paradies am Bodensee

Blick auf die Halbinsel vom Schweizer Ufer

Frühlingserwachen am Bodensee. Auf den Wiesen und in den Obstgärten der kleinen Fischerorte, am Ufer des Sees und in den verträumten Winkeln der Landschaft, überall grünt und blüht es. Das Paradies? Nein, wir sind auf der Höri, einer Halbinsel im Untersee zwischen Radolfzell und Stein am Rhein.

Ihren Namen hat die Höri der Legende zufolge schon bei der Erschaffung der Welt erhalten. Mit Wohlgefallen soll der liebe Gott „Jetzt hör' i auf“ gesagt haben, nachdem er als letztes seiner Werke das Fleckchen Erde am Untersee geschaffen hatte. Nach einer anderen Interpretation verdankt die Höri ihren Namen dem Wort „gehörig“: Gehörig war sie im hohen Mittelalter den Konstanzer Bischöfen.

Fischfang und Gemüseanbau

Wir beginnen unsere Dreharbeiten in Moos am Südufer des Zeller Sees. Hier besuchen wir Herbert Roth, Fischer, Bauer und Gemüsehändler in einem. Es ist Freitag und die Arbeit auf dem Feld erledigt. Herbert Roth steht im Hof und räuchert Felchen. Am Tag darauf wird er Fisch und Gemüse auf dem Radolfzeller Wochenmarkt verkaufen. Fischfang und Gemüseanbau, das hat lange Tradition auf der Höri. Wie die anderen Fischer klagt Herbert Roth über rückläufige Fangergebnisse bei den Felchen. Mit seinem Leben ist er dennoch zufrieden.

Die Welt auf der Höri hat sich grundlegend gewandelt. Lebten hier früher die Fischer und Bauern abgeschieden von der großen Welt, so drängen heute immer mehr Menschen auf diese reizvolle Halbinsel, um sie zu ihrem Feriendomizil oder Alterssitz zu machen. Doch: Immobilien werden zu Höchstpreisen gehandelt.

Einkehrtips:
Zu Gast im „Haus Gottfried“ und bei der „Sternenwirtin“

Das kulinarische Angebot ist äußerst vielfältig. Von einem einfachen Bauernvesper in einer Besenwirtschaft bis hin zur Haute Cuisine, die aus heimischen Produkten köstliche Gerichte zaubert.

Wir sind zu Gast im Haus Gottfried in Moos. Die Kochkunst von Küchenchef Klaus Neidhart ist weit über die Höri hinaus bekannt. Er schätzt sich glücklich, hier zu arbeiten, denn alles, was er zum Kochen braucht, kommt direkt aus der Natur: Kräuter aus dem eigenen Garten, Gemüse vom Nachbarn, Fische aus dem See, Wild und Fleisch vom Schiener Berg. Bleibt ihm etwas Zeit, dann nimmt Klaus Neidhart seine Gäste auch mal zu kulinarischen Entdeckungsfahrten per Fahrrad mit. Nach dem Gaumenschmaus im Haus Gottfried, locken nun vor der Tür wieder Genüsse für die anderen Sinne.

Die Vordere Höri ist einfach eine malerische Gegend. Und wenn, so wie heute, ein leichter Dunst über den sanften Hügeln liegt, der alles in zarteste Farben taucht, wirken die Landschaften wie Aquarelle: Blühende Streuobstwiesen und die dunklen Wälder des Schienenberges, der sich über die ganze Halbinsel zieht, dazwischen kleine, heimelige Dörfer, in denen alles sehr ländlich wirkt, friedlich und still.

In Bankholzen ist heute „Stubedeobed“ im Dorfgasthaus Sternen. Das lassen wir uns nicht zweimal sagen, wird doch ein solcher Heimatabend nur ein- bis zweimal jährlich veranstaltet. Die Sternenwirtin und der Heimatverein haben eingeladen, sie wollen die Tradition des Ortes und der Gegend lebendig halten. Neben Heimatfolklore mit Gesang und Klampfe gibt es Gerichte aus Omas Zeiten. Heute etwas ganz Besonderes: „Gstell“, eine Art Gulasch mit Knödeln, die Wirtin erklärt's uns in Mundart und Versform. (Rezept auf Seite 57).

Eine Schönheit:
Die Spitze Horn

Vorbei an sonniggelben Rapsfeldern fahren wir weiter den Zeller See hinunter nach Horn. Die spätgotische Pfarrkirche liegt weit sichtbar auf der Spitze der Halbinsel. Begeistert von der Schönheit des Ortes soll ein badischer Großherzog ausgerufen haben: *„Wäre ich nicht der Großherzog von Baden, wollte ich Pfarrer von Horn sein.“* Empfangen vom Glockengeläut der Kirche, mit herrlichem Blick ins Tal können wir die Faszination gut verstehen, die den Ort zum beliebten Ausflugsziel macht.

Im Inneren gibt sich das Gotteshaus mit seinem prächtigen Rokokoaltar ebenso faszinierend. Die zwei spätgotischen Altarflügel sind Kostbarkeiten für Freunde der Kirchenkunst: 1717 wurden sie von Konstanz hierher geschenkt.

Übernachten mal anders:
Umweltcampen

Daß Naturschutz auf der Höri groß geschrieben wird, das sieht man aus den Lüften. Wir haben einen Hubschrauber gechartert und erheben uns über die

Pfarrkirche Horn mit Blick auf die Alpen

vielgestaltige Landschaft der Halbinsel. Unter uns liegt - wie die Reiseführer werben - tatsächlich eine gepflegte, reiche, eine intakte Natur.

Auch über einen umweltverträglichen Tourismus wurde nachgedacht. Das Ergebnis: der Campingplatz Horn. Hier muß das Auto draußen bleiben, weisen Schilder auf die auto- und müllfreie Zone des Platzes hin. Leiterwagen werden zum Gepäcktransport gestellt, bei Anreise mit Bus und Bahn gibt es 20 Prozent Rabatt.

Sanfte Energie versorgt zwar noch nicht den ganzen, aber Teile des Campingplatzes. Die Naturschützer vor Ort bieten verschiedene Freizeitangebote an. Wer will, kann an Vogelstimmenwanderungen oder Naturpflegeaktionen teilnehmen. Besonders die Kinder sind davon begeistert. Neben der bewußt ökologischen Ausrichtung des Campingplatzes, geht es auch um die Einbindung der Feriengäste.

Um Raum für gemeinsames Leben zu schaffen, hat man den Platz in kreisförmige, durch Hecken abgetrennte Nachbarschaften aufgeteilt. Außerdem wurde ein Backkaus gebaut, in dem man sich zum gemeinsamen Backen trifft. Freitag ist Markttag auf dem Platz. Die Fischer, Bauern, Metzger und Bäcker aus dem Ort bieten ihre Produkte an.

Auf den Spuren Hermann Hesses

Vor dem Hesse-Haus in Gaienhofen treffen wir auf eine besondere Gruppe Ausflügler. Hier werden literarische Wanderungen auf den Spuren von Hermann Hesse angeboten. Ursula Fuchs liest aus einem Brief, den der Schriftsteller 1904 an einen Dichterfreund geschrieben hat: *„Und ich wohne also jetzt mit meiner Frau in Gaienhofen, in einem lustigen Bauernhäuschen mit* *einer Jahresmiete von 150,- Mark."* Das lustige Bauernhäuschen ist heute ein sorgsam renoviertes Fachwerkhaus, das eine ausführliche Ausstellung zum Leben von Hermann Hesse in Gaienhofen beherbergt. Im benachbarten Höri-Museum sind wichtige Arbeiten von örtlichen Künstlern zu sehen.

Hermann Hesse lebte acht Jahre in Gaienhofen. Jungvermählt und gestärkt durch seine ersten literarischen Erfolge floh er aus der Stadt, um ein einfaches Leben auf dem Lande zu führen. Begeistert pries er die paradiesische Stille der Höri, die Vielfalt der Vegetation und die Abgeschiedenheit Gaienhofens von der Welt. Gerade die aber war es, die dem Autor schließlich zu schaffen machte. Durch Ehe und Seßhaftigkeit beengt, verließ Hesse 1912 die Idylle der Höri. *„Ich hatte Gaienhofen erschöpft, es war dort kein Leben mehr für mich."*

Geschichte: Ein Rückzugsgebiet für verfolgte Künstler

Als Gäste kamen auch andere Künstler auf die Höri. Viele von ihnen sind geblieben. In Bettnang, einem kleinen Flecken mit idyllischen Fachwerkhäusern, treffen wir das Künstlerpaar Rose-Marie Schnorrenberg und Rudolf Stuckert. Sie siedelten 1938 aus der Großstadt auf die Höri um, als die Gestapo ihre Kunst als zu modern verboten hatte. Viele Künstler zogen sich damals vor dem Nationalsozialismus auf die Höri zurück. Die Halbinsel war in den dreißiger Jahren noch ein abgeschlossenes Gebiet, vom Schiener Berg regelrecht von der Welt abgeschnitten. Wer hierher kommen wollte, fuhr mit dem Schiff oder dem Milchauto, direkte Straßenverbindungen gab es noch keine. Auch die Nähe der Schweiz gab Künstlern wie Curth Georg Becker und Max Ackermann ein sicheres Gefühl.

Hermann-Hesse-Haus

Der berühmteste Höri-Maler ist Otto Dix. In seinem Haus in Hemmenhofen besichtigen wir die Räume, in denen der Künstler lebte und arbeitete. Otto Dix, der Maler von Kriegskrüppeln, Huren und Bonzen, kam nach seiner Vertreibung von der Dresdner Kunstakademie durch die Nationalsozialisten an den Bodensee. Auf der Höri änderte der Maler-Provokateur seinen Stil. Er begann in altmeisterlicher Art zu malen und zeichnete vor allem Landschaften und religiöse Themen. Otto Dix' Bilder von der Höri sind aber auch ein Spiegel seiner eigenen Seele.

Ferien auf dem Bauernhof

Aus den Seelenlandschaften vergangener Zeiten zurück zur Höri heute. Wir sind auf dem Hofgut Barlisheim der Familie Burkart zu Besuch. Hier wird schon seit fast 30 Jahren eine Urlaubsform angeboten, die immer mehr Freunde findet: Ferien auf dem Bauernhof.

Mit viel Liebe hat sich die Familie Burkart auf die Bedürfnisse ihrer Gastfamilien eingestellt. Und die fühlen sich hier sichtlich wohl. Vor allem die Kinder, die bei allem, was zu einem richtigen Bauernhof dazugehört, dabei sein dürfen. Zum Beispiel beim gemeinsamen Backtag, der einmal in der Woche veranstaltet wird.

Als die Burkarts mit Ferien auf dem Bauernhof eine Perspektive für ihren Betrieb in der krisengeschüttelten Landwirtschaft suchten, gab es dafür noch keine Vorbilder. Heute verweisen sie mit stolz auf eine gute Bilanz: zufriedene Gäste und ein blühender Betrieb, der alle mit gesunder Nahrung versorgt.

Wandern rund um den Schiener Berg

Beim abendlichen Zusammensein, dem „Hock“, bei dem jeder soviel Most trinken kann, wie er will, kommen wir mit Irmtraud und Peter Greis ins Gespräch. Sie sind Gäste auf dem Hofgut Barlisheim und wollen die Höri wandernd erkunden. Das grenzüberschreitende Wandernetz der Halbinsel bietet ausgiebige Möglichkeiten dazu.

Auch auf der Höhe des Schiener Berges läßt es sich herrlich wandern. Dabei sollte keineswegs versäumt werden, das Örtchen Schienen zu besuchen, das mit seiner tausendjährigen Wallfahrtskirche St. Genesius hoch droben auf der Höri liegt. Mehr als einhundert Kilometer bezeichneter Rad- und Wanderwege stehen dem Besucher der Höri von Radolfzell bis Stein am Rhein zur Verfügung. Vor allem am See läßt es sich bequem radfahren.

Mit dem Schiff zur Insel Werd

Wer einen ganz besonderen Ausflug unternehmen will, der sollte einen Teil des Weges mit dem Schiff zurücklegen. Wir „schippern“ den Untersee hinunter Richtung Stein am Rhein. Die Fahrt inmitten einer der schönsten Seelandschaften Europas bietet herrliche Blicke auf das Schweizer Ufer und die Hintere Höri. Passiert man Oberstaad, eine Turmburg aus dem 13. Jahrhundert, sieht man bald auf Öhningen mit seinem ehemaligen Augustiner-Chorherrenstift. Dann verläßt der Rhein den Bodensee. An dieser Stelle liegt das Klosterinselchen Werd.

„Werd“ ist eine alte Bezeichnung für Flußinseln. Wir gehen von Bord und

Flußlauf mit Stein am Rhein im Hintergrund

betreten historischen Boden. Zur Römerzeit diente das Werd als Widerlager für eine Brücke, später im Mittelalter wurde Ottmar, erster Abt des Klosters St. Gallen, auf die Insel verbannt. Heute leben Franziskanermönche hier, die versuchen, das Leben des Heiligen Franziskus nachzuleben.

Stein am Rhein: Bilderbuchwände ...

Zum Schluß unserer Reise fahren wir über die Grenze in die Schweiz und besuchen Stein am Rhein. Das mittelalterliche Städtchen wie aus dem Bilderbuch bildet die Grenze der Höri zur Schweiz hin. Im Herzen der Stadt erwarten den Besucher reichbebilderte Fassaden der Häuser rund um den Rathausplatz. Wie in einem großen Bilderbuch kommen wir uns vor, als wir vor dem 1539 erbauten Rathaus stehen. Die malerischen Wandbilder der Bürgerhäuser erzählen aus der Geschichte des Ortes. Die älteste und wertvollste Fassadenmalerei - das Haus „Zum weißen Adler“ vis-à-vis vom Rathaus - reicht bis zum Jahr 1520 zurück, die drei Historienbilder wurden erst 1900 gemalt.

... und Lindwurmmuseum

So geschichtsträchtig die Häuserfassaden, so reichlich findet man Geschichte auch innerhalb der Mauern, zumindest im Lindwurm-Museum. Das wird nicht wegen seiner Exponate so benannt, sondern weil das Gebäude bereits 1495 „Zum Lindwurm“ hieß.

Hinter der Palaisfassade scheint die Zeit mehr als einhundert Jahre stehengeblieben zu sein. Im Museum können wir uns vorstellen, wie eine Steiner Bürgerfamilie und ihre Dienstboten Mitte des 19. Jahrhunderts gelebt haben. Alles ist liebevoll bis ins kleinste Detail rekonstruiert: die Stube in der „Beletage“, der feine Salon im Obergeschoß, Küche, Kinder- und Bügelzimmer ebenso wie die Gesindekammer, Stallungen und Tenne im Hinterhaus.

Besonderen Wert wurde darauf gelegt, daß alle Ausstellungsstücke auch funktionstüchtig sind. Wäre man bereit, auf die Annehmlichkeiten des 20. Jahrhunderts wie Kühlschrank und Waschmaschine zu verzichten, könnte man im Lindwurm-Museum leben wie zu Urgroßmutters Zeiten.

Nach diesem krönenden Abschluß unserer Dreharbeiten lassen wir unseren Blick noch einmal über die Fassaden und Giebel von Stein am Rhein schweifen. Dort, wo Fluß und See sich trennen, nehmen wir Abschied mit einem Blick ins Tal: von einem malerischen mittelalterlichen Städtchen, vom stillen Wasser unter uns und von einer Landschaft, die wir lieben gelernt haben.

Der Beitrag beruht auf dem Film von Willy Meyer.

Trüsche vom Bodensee mit ihrer Leber in der Bärlauchkruste mit Frühlingszwiebeln und gebackenen Kartoffeln

Die Trüsche vorsichtig ausnehmen, (die große cremefarbige Leber ist eine Delikatesse, sie wird getrennt angebraten), unter fließendem kalten Wasser säubern und die Köpfe mit einem Messer abtrennen. An der Schnittstelle die zähe, lederne Haut etwas vom Fleisch lösen und wie bei einem Aal mit einer Zange und mit einem kräftigen Zug vom Körper ziehen. Die Flossen abschneiden. Die Trüsche mit Salz und weißem Pfeffer würzen.

Für die *Bärlauchkruste* braucht man: 60 g weiche Butter, 2 EL Bärlauch fein gehackt, 160 g Weißbrotbrösel, Prise, Pfeffer, Salz, Zitronensaft

Alle Zutaten untereinander mischen. Die Masse auf die Trüsche geben und andrücken. Den Fisch in eine ausgebutterte Auflaufform geben und im vorgeheizten Backofen bei 200 °C - je nach Größe - 8 bis 15 Minuten garen.

Frühlingszwiebeln in Butter glacieren, mit etwas Roséwein ablöschen. Fein gehackte Schalotten in Butter anbraten, die Trüschenleber dazugeben, mit Salz, Pfeffer und Zitronensaft würzen, kurz anschwitzen.
Trüsche in der Mitte der Frühlingszwiebeln anrichten, die Leber mit den Schalotten darauf geben. Als Beilage empfehlen sich gebackene, Streichholz- oder Würfelkartoffeln.

Zutaten für 4 Personen

Rezept von Klaus Neidhart, „Hotel-Restaurant Gottfried" in Moos

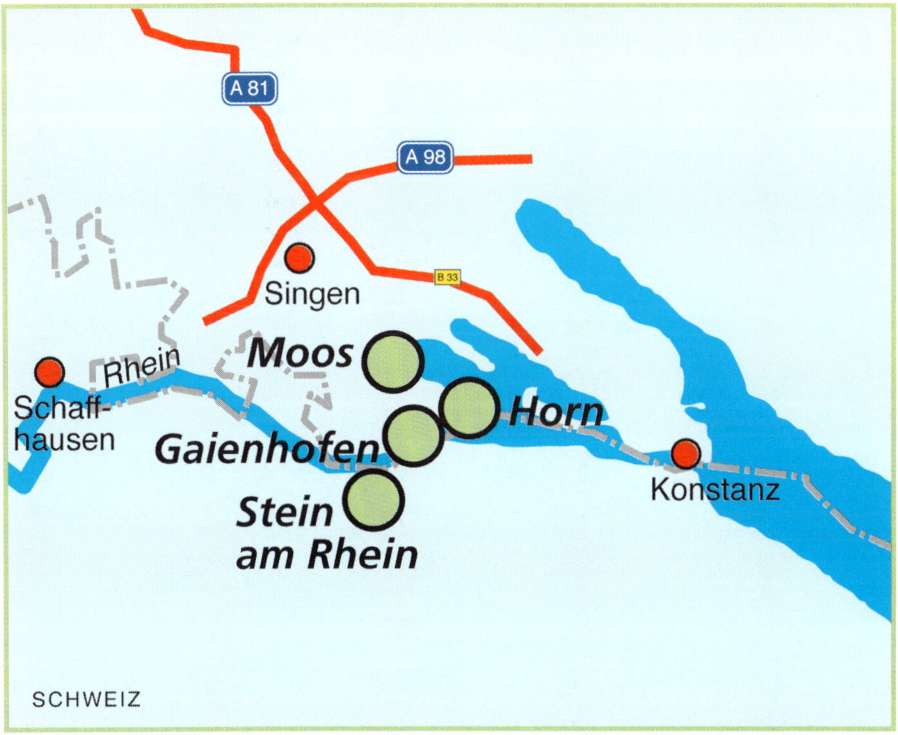

So kommt man hin

Mit der Bahn: Nach Radolfzell und von dort mit dem Bus weiter in die Höri-Gemeinden.

Mit dem Auto: Von Stuttgart auf der A 81 nach Singen, weiter auf der B 33 bis Radolfzell und von dort über die Landstraßen nach Moos, Horn, Gaienhofen und Stein am Rhein.

Touristische Informationen

Kultur- und Gästebüro Gaienhofen
Im Kohlgarten 1
78343 Gaienhofen
Tel.: 07735/8 18 23
Fax: 07735/8 18 18

Verkehrsbüro Moos
Bohlinger Str. 18
78345 Moos
Tel.: 07732/999617
Fax: 07732/999620

Verkehrsbüro Stein am Rhein
Oberstadt 10
CH-8260 Stein am Rhein
Tel.: 0041-54/412835
Fax: 0041-54/415146

Markdorf – Balkon zum Bodensee

Zugegeben: Markdorf ist eine Kleinstadt. Doch gerade darin besteht der Charme des Ortes. Rund um Marktplatz und Marktstraße finden wir alte Gemäuer, Stadttore und Fachwerk. Bodenständiger Mittelstand und Bürgerfamilien schützen alte Bauwerke vor neuzeitlichem Outfit. Und auch Markt wird noch heute hier gehalten, wie seit 1250. Damals bekam der Ort von den Freiherren von Markdorf das Stadt- und Marktrecht verliehen. Seit damals ziehen die Bauern aus den umliegenden Gemeinden mit ihren Waren in die Stadt und bauen dort ihre Stände auf.

Brot vom Bio-Bauernhof

Wir haben uns für einen Ausflug zum Markt Otto und Lydia Bommer angeschlossen. Da hieß es früh aufstehen. Morgens um vier im Deggenhausertal - Hahnengeschrei in fast noch völliger Dunkelheit, der Weckruf des Markdorfer Nachtwächters dringt herüber. Für die Bommers kam das heute viel zu spät. An einem Markttag stehen sie längst schon in ihrer Backstube auf ihrem Biohof und backen Brot.

Der Teig aus selbstangebautem biologischem Schrot und Korn wird nach Rezepten aus Großmutters Backbuch hergestellt, gerührt und zu Brötchen geformt, die dann im Holzkohleofen gebacken werden wie in alten Zeiten. Und wenn der Tag an Helligkeit gewinnt, geht 's mit einer Ladung guten Biobrotes nach Markdorf. Das Bommer'sche Brot findet guten Absatz auf dem Markt, die Leute wissen halt, was drin ist.

Rund um den Hexenturm

Historische Stätten gibt es viele in Markdorf. Um sie kennenzulernen, schließen wir uns einem Rundgang durch die Stadt an. Der Fremdenverkehrsverein lädt einmal in der Woche dazu ein. Allein unser Fremdenführer Manfred JII ist ein Erlebnis. Manfred JII ist Stadtarchivar und Historiker seiner Heimatstadt. Geschichten aus der Geschichte gibt er zum Besten, auch selbst erlebte. Die Gäste, ob alt oder jung, finden es nicht langweilig.

Wir beginnen den Rundgang am Hexenturm, der um 1250 von den Rittern von Markdorf erbaut wurde. Auch der Untertorturm, die Stadtmauer und die Pfarrkirche St. Nikolaus entstanden in dieser Zeit. Der Turm war früher ein Gefängnis, in dem Landstreicher und andere „unbotmäßige Leute“ eingesperrt waren.

Manfred JII erinnert sich, daß er manchmal als kleiner Junge hierherkam und gegen Bezahlung Schnaps und Zigaretten an einem Seil in den Turm beför-

Hexenturm

Gehrenbergturm

derte. Die paar Pfennige, die er und andere Jungs daran verdienten, waren ein nettes kleines Taschengeld. Heute ist im Hexenturm ein Handwerkermuseum eingerichtet. Hier zeigt der Heimat- und Brauchtumsverein, wie Sattler, Wagner oder Seiler früher gearbeitet haben.

Das Badische und das Schwäbische

Wir machen eine kleine Mostpause, wie's hier in der Region üblich ist, doch dann geht es weiter, das Programm drängt. Vom Hexenturm über das Untertor zum Obertor. Staffelgiebel an hochragenden Türmen, schmalbrüstige Häuser entlang der früheren Stadtmauer, die Stadt hat viel zu bieten, und Manfred JII muß seine Gruppe antreiben. Aber einen Schwank aus der Geschichte weiß er immer zu erzählen. Vom Obertorturm sieht man vom Badischen ins Schwäbische hinüber - dorthin, wo man „schaffe" tut und das Geld verdient. So jedenfalls hat es Manfred Ills Vater immer gesagt. In „Bade" gibt man 's dann aus. Das ist vor allem beim Markdorfer Stadtfest am Wochenende nach Fronleichnam kein Problem. Da ist Trubel im 12 000-Einwohner-Städtchen, da kann man - so Manfred JII - Markdorf sehen, wie es „richtig lebt".

Einkehrtip: Wirtshaus am Gehrenberg

Nach der Stadtbesichtigung knurrt uns kräftig der Magen. Kein Wunder, wir sind ja seit vier Uhr auf den Beinen. Wir wissen auch schon längst, wo wir unser Vesper einnehmen. Weit über den Dächern von Markdorf im „Wirtshaus am Gehrenberg". Dort reicht der Blick bei guter Fernsicht über den ganzen Bodenseeraum: von den bayerischen und österreichischen Alpen im Osten über die Gipfel der Nordostschweiz, dem 2.500 Meter hohen Säntis, bis hin zu den Alpen des Berner Hochlandes im Südwesten und den Vulkanbergen des Hegaus.

Der Bodensee bietet oft stündlich ein anderes Bild: mal zum Greifen nah, mal im Dunst kaum zu erkennen, ein faszinierendes Schauspiel der Natur. Bei gutem Essen genießen wir diesen Blick. Markdorf - das ist der Balkon zum Bodensee.

Das Fleisch für unser Mittagessen kommt vom Herrmannshof gleich um die Ecke. Hier wird nicht mit knallharten Kalkulationen und höchstmöglichen Profiten gerechnet, sondern auf artgerechte Haltung gesetzt. Für Bauer Herrmann stehen die Tiere im Mittelpunkt, und er hofft, sich mit seinem Konzept über die Runden retten zu können. Mit dem Markdorfer Wirtshaus hat er einen Pakt geschlossen. Er sorgt sich um seine Tiere, wie es sich gehört, und das Wirtshaus bezahlt den Preis, den er dafür braucht - damit den Gästen Wurst und Fleisch auch weiterhin schmecken.

Campingplatz mit Goldmedaille

Bei unserer Rückkehr ins Tal geht es vor den Stadttoren Markdorfs hoch her. Hier finden wir einen Goldmedaillengewinner. Jedes Jahr werden die Campingplätze in Deutschland neu bewertet. Der Markdorfer Wirthshof ist mit dabei, und das nicht nur wegen seiner schönen Lage.

Die goldene Medaille eroberte der Campingplatz in erster Linie für seine Kinder- und Jugendarbeit. Viele Stammgäste gehören hier schon fast zur Familie, und die Eltern genießen die Betreuung ihrer Kinder. Für die ist hier nämlich immer was los: ob Jugenddisco, Ausflugsfahrten, sportliche Wettbewerbe oder Stockbrotbraten. Außerdem werden Kutschfahrten rund um

Campingplatz Wirthshof

Untertorturm

Markdorf angeboten. Die Attraktion für die Kinder dabei sind die kleinen grauen und weißen und gescheckten Ponys und ihr zweiter Schnellgang.

Deggenhausertal: Teppiche vom Lehenhof

Wir machen einen kleinen Abstecher an den Bodensee, der von hier nur einen Katzensprung weit weg ist. Nach Eisessen und ofenwarmem Apfelstrudel, nach bunter Menschenmenge und Schiffen suchen wir wieder die Ruhe des Hinterlandes, die wir bereits kennengelernt haben: wenige Kilometer vom See entfernt im Deggenhausertal.

Aber wir wollen hier nicht nur die Stille und die herrliche Natur genießen. Im Deggenhausertal hat die Dorfgemeinschaft Lehenhof in wenigen Jahren einen Platz für über 100 behinderte Menschen geschaffen. Das Dorf ist offen für Fremde, und ihm gilt unser Interesse. Hier wird gezeigt, wie behinderte und nichtbehinderte Menschen zusammen ihren Lebensunterhalt bestreiten. Die Gemeinschaft trägt sich selbst. Ein großer Bauernhof sorgt für Lebensmittel, die auch verkauft werden, und in der Bäckerei wird Biobrot für Demetergeschäfte gebacken.

In der Weberei treffen wir Krischan an. Er sitzt am Webstuhl und webt bunte Teppiche. Krischan ist blind. Er zeigt uns, wie er sich trotzdem zurechtfindet, wie er weiß, wann er eine neue Farbe beginnt und wie er die passende Wolle aus dem Regal nimmt. Krischans Arbeiten werden verkauft, meistens an Wanderer oder Besucher wie wir.

Und manchmal ein Dorffest

Im Deggenhausertal, dem landschaftlichen Mittelpunkt des Linzgaus, läßt es sich herrlich wandern und radfahren. Auch Krischan genießt seine Spaziergänge im Deggenhausertal, wie die wenigen Touristen, die sich hierher verirrt haben. Wir begleiten ihn ein Stück des Weges zu seinen Lieblingsplätzen.

Es geht an Wiesen, Wäldern und Feldern vorbei. Manchmal treffen wir auf einen Bauernhof, einen Weiler oder eine kleine Ortschaft. Trotz aller Ruhe läßt sich ein guter Landgasthof oder die Möglichkeit zu einem zünftigen Vesper immer finden. Manchmal findet sogar ein Fest mit dem Charme der kleinen Wald- und Wiesen- oder Dorffeste statt. Fünffach-Looping oder Shooting Stars sucht man vergeblich. Die gute alte Schiffschaukel hat in jedem Fall mehr Stil.

Abends in Markdorf: Nachtwächter ...

Zurück in Markdorf neigt sich der Tag dem Ende zu. Dann ist der Ruf des Nachtwächters zu hören. Rudi Stark nimmt seinen Dienst ernst: *„Hört ihr Freunde, laßt euch sagen, als 's voriges Jahr zehn Uhr geschlagen, brach aus ein Brand, wie nie gedacht, der uns um Hab und Gut gebracht. Drum betet doch in dieser Nacht, daß uns der liebe Gott bewacht."*

Was Rudi Stark hier besingt, ist der große Stadtbrand Markdorfs im Jahre 1842. Zum Glück konnte sich die Stadt damals wenigstens einen Teil ihrer alten Straßen, Gassen, Tore und Türme erhalten. Alles, was neu dazukam, auch nach dem letzten Krieg, hat sich harmonisch in das Stadtbild eingefügt.

... und Theaterstadel

Uns führt der Gute-Nacht-Ruf von Rudi Stark aber noch nicht zur Ruhe. Nachts trifft man sich nämlich im „Theaterstadel" im Wirtshaus am Gehrenberg. Hier finden Konzerte, Kinoabende, Kabaretts und Theatervorführungen in einer umgebauten Scheune statt, aus der mit Barockengeln und Spiegeln ein kleines Gesamtkunstwerk gemacht wurde.

Heute gastiert die „Schwabenoffensive" auf der Kleinkunstbühne. Sie bläst zum Angriff gegen festgefahrene und spießbürgerliche Gedanken, verulkt den Alltag. Ambiente und Kabarett sind ebenso köstlich wie die Speisen, die im Gasthaus nebenan auf der Karte stehen.

Das Markdorfer „Schloß"

Am nächsten Tag suchen wir das Wahrzeichen von Markdorf auf: das Bischofs-

Schloß

schloß inmitten der Altstadt. Die ehemalige Sommerresidenz der Bischöfe von Konstanz ist heute ein Hotel. Im Zuge der Säkularisierung 1803 ging das Gebäude in staatlichen Besitz über und wurde von Privatleuten aufgekauft.

Stil und Charakter des mittelalterlichen Schlosses, vor allem der hohe, weit sichtbare Wehrturm mit Staffelgiebel und das nachträglich im Barockstil erbaute Langhaus, sind jedoch erhalten geblieben. Der Rittersaal, über den Dächern von Markdorf im obersten Stockwerk des Turms, steht heute noch der Stadt bei festlichen Anlässen zur Verfügung.

Auch die Zimmer sind hier fürstlich wie eh und je. Den Gast empfängt am Gebäude das bischöfliche Wappen mit Kreuz, Schwert und Bischofsstab, die

Zeichen weltlicher und geistlicher Macht. Wer sich's leisten kann, kann hier residieren wie die hohen Herren in früheren Zeiten: luxuriös und vom feinsten. Edel sind auch die Preise.

Wein und Schnaps vom Dilgerhof

Vor dem Bischofsschloß: Rebhänge. Auch sie gehörten einst der Kirche und heute, nach der Säkularisierung, dem Markgraf von Baden. Alle? Nein: Wir suchen die Familie Dilger in Bermatingen auf, Weinbauern seit 1596.

Am Eingang des Dilgerhofs steht der alte Torkel, die Weinpresse, mit ihren 400 Jahren fast so alt wie die Dilger-Familie selbst. Weinbau mit Tradition wird hier über Generationen betrieben.

Auch Sohn Konrad Dilger liebt seinen Beruf. Wir können es heraushören, als er uns bei einer Weinprobe im Keller des Guts über seinen roten Bermatinger sagt: „Den musch schloze und schlürfe, nit einfach hirnlos trinke.“

Auch alle Sorten Obstschnaps - Apfel, Birne, Pflaume, Kirsche, Mirabelle und Quitte - werden auf dem Dilgerhof hergestellt, ein Handwerk, das Vater Dilger übernimmt. Schnapsbrennen gehört für die Obstbaufamilien im Hinterland des Bodensees einfach dazu. Auf jedem ordentlichen Bauernhof steht noch ein Kessel. Zum Wein werden Spezialitäten der Region kredenzt. Die Besenwirtschaft der Dilgers in Bermatingen ist ein Geheimtip.

Indisches im Badenland

Auch vor der Tür staunen wir nicht schlecht. Oder ist es etwa der Wein, der unsere Sinne benebelt? Nein, das sind tatsächlich indische Rinder, die da im Hinterland des Bodensees grasen, als wären sie zu Hause. Vater Dilger erklärt uns, daß er sie aus Ungarn mitgebracht habe, nur so zum Spaß, weil sie ihm mit ihren langen Hörnern gut gefallen hätten. Aber ursprünglich, glaubt er, stammten die Rinder aus Indien.

So sehr auch vorbeikommende Touristen ihren Augen nicht trauen mögen, Indisches findet man nicht nur hier auf dem Dilgerhof. Nebenan liegt die indische Kulturoase „Shiva“. Hier sollen 0st und West zusammengeführt werden, ein interessantes Projekt. In altem Bermatinger Fachwerk prallen zwei Welten aufeinander. Die Gäste werden mit indischen Genüssen verführt und sollen mit der fremden Kultur vertraut werden. Indien soll hier erlebbar sein. Gastgeber Vinay Sansi will aufklären und überzeugen. Er kennt die Gemeinsamkeiten seiner alten und neuen Heimat.

In der Küche vermittelt seine Frau Claudia Pohl zwischen den Kontinenten. Sie führt regionale Produkte mit indischen Gewürzen zusammen, ein gelungenes Unterfangen, wie wir später im badisch-indischen Ambiente der Gaststube feststellen können. Da Sansi am liebsten auch seine Gäste immer zusammenführen würde, steht inmitten der alten Bauernstube ein großer Tisch und nur wenige kleine abseits. Hier soll nach indischer Sitte gemeinsam gespeist, diskutiert und geschlemmt werden, und das auch ruhig mit den Händen.

Die Kulturoase Shiva: ein kleiner Fleck Indien inmitten des Bodenseeraumes, ohne lange Flugstunden.

Ein Tip für den Abend

Zum Abschluß ein kleiner Tip, wie man seinen Abend mitten im Städtchen Markdorf beschaulich beschließen kann. Vor der Pension Gutmann, direkt am Untertor gelegen, läßt sich abends ein Most auf dem Bänkchen vor dem Haus genießen. Vielleicht kann man dann auch noch einmal Glocke und Gesang des Nachtwächter hören, wie wir an unserem letzten Abend in Markdorf.

Der Beitrag beruht auf dem Film von Erich Schütz.

„Suressen“ oder „Gstell“

Kronfleisch, Lunge und Herz werden wie Gulasch in grobe Würfel geschnitten. Essig verdünnt mit Wasser (etwa $^2/_3$ Liter Wasser und $^1/_3$ Liter Essig) und noch ca. $^1/_4$ Liter Badischen Rotwein. Zwei kleine Büle (rote Zwiebel von der Höri) spicken mit Lorbeer und Nelken, zwei gelbe Rüble, Sellerie in Würfeln und 1 Lauchstange in Ringe schneiden und dazugeben.

Gut zwei Tage im Kühlhaus durchziehen lassen, Brühe abseihen, Fleisch in heißem Fett anbraten, bis es ansetzt. Mit 1 EL Tomatenmark und 1 Schaufel Mehl eine dunkle Einbrenne herstellen. Mit dem Essig-Wasser-Wein-Gemisch ablöschen. Etwas würzen mit Salz, Pfeffer und Knoblauch. In den Backofen (180–200 Grad, etwa 1 Std.) schieben und warten bis das Suressen fertig ist.

Rezept von Brigitte Bohner-Seibold, Landgasthof „Zum Sternen“ in Bankholzen

„Dünnele“

Zwiebeln und Lauch in feine Streifen schneiden, separat andünsten, salzen, pfeffern, süße Sahne dazugeben und einkochen lassen. Speck und gekochten Schinken fein würfeln, Käse reiben, Äpfel in Schnitze schneiden. Einen Hefeteig dünn ausrollen und mit den Zutaten nebeneinander belegen. Im vorbereiteten Backofen bei mindestens 250 °C ca. zehn Minuten backen. Zum Schluß die Äpfel mit Zimtzucker bestreuen. Guten Appetit!

Rezept aus dem Hotel-Restaurant „Lochmühle“ in Eigeltingen

So kommt man hin

Mit der Bahn: Markdorf ist Bahnstation an der Strecke Singen–Radolfzell–Lindau.

Mit dem Auto: Markdorf liegt an der B 33 Meersburg–Ravensburg.

Touristische Informationen

Tourismusgemeinschaft
Gehrenberg-Bodensee
Marktstr. 1
88677 Markdorf
Tel.: 07544/500-290
Fax: 07544/500-289

Rund um Überlingen

Flötenklänge in gewundenen Gäßchen, schiefe Fachwerk-, prächtige Patrizierhäuser, eine kilometerlange Uferpromenade mit Palmen, einladende Straßencafés und ein Stadtgarten - wir können verstehen, wie Überlingen zu seinem Ruf kam, „Klein-Nizza am Bodensee" zu sein.

Umgeben von den steilen Berghängen des Linzgaus liegt das kleine Provinzstädtchen in fast ländlicher Idylle an einem Südhang des nordwestlichen Bodenseearms, dem Überlinger See. Seine günstige klimatische Lage hat schon im 19. Jahrhundert Kur- und Feriengäste nach Überlingen gezogen. Und das ist bis heute so geblieben. Wir werden auf unserer Reise rund um Überlingen nicht nur in südländische Atmosphäre und malerisches Mittelalter versetzt, uns erwarten auch „graue Vorzeit", außergewöhnliche Kunstwerke und eine schöne Wanderung ins Hinterland.

Besonders schön:
Überlingen vom Schiff aus

In Überlingen gibt es den kürzesten Seeübergang auf dem Bodensee. Nur 1,5 Kilometer sind es von hier nach Wallhausen, dem Klausenhorn am gegenüberliegenden Ufer. Und weil die Stadt diesen Übergang stets streng bewachte, galt sie lange Zeit als „Schlüssel zum Bodensee".

Der Schiffsverkehr zwischen Überlingen und Wallhausen ist rege. Zwei Millionen Menschen werden hier pro Jahr transportiert. Einerseits werden die

Blick auf Münsterturm und See

Stadtgraben

Pendler aus der Stadt gebracht, die mit dem Bus nach Konstanz weiterfahren, andererseits die Wanderer und Radfahrer zu Ausflügen auf den gegenüberliegenden Bodanrück, die schroffste Gegend des Sees, die vom Autoverkehr weitgehend verschont geblieben ist.

Wir fahren zusammen mit anderen Touristen und Gästen auf die Stadt zu. Wer nämlich mit dem Schiff anreist, hat einen besonders schönen ersten Eindruck von Überlingen. Hinter dem historischen Hafen erhebt sich stolz die mittelalterliche Stadt mit ihrem herausragenden Münster, den Stadttoren und Wehrtürmen. Kein Wunder, daß Schiffsführer Ewald Giess, der uns von Wallhausen sicher ans Überlinger Ufer bringt, bei diesem Anblick keine Langeweile empfindet, zumal er sogar schon heftige Stürme auf der Strecke erlebt hat. Das Bodenseewetter ist unvorhersehbar, sagt er uns.

Ein lehrreicher Spaziergang durch die Altstadt

Am Ufer Überlingens begrüßt uns die breite Front des barocken Grethgebäudes. Im alten Warenstapelhaus sind heute Kurverwaltung, Stadtbücherei und die historische Leopold-Sophien-Bibliothek untergebracht. Wir verlassen das Schiff und schlendern einen Abschnitt der insgesamt fünf Kilometer langen Seepromenade am Wasser entlang. Sonnige Straßencafés und Restaurants laden zum Ausruhen ein, und wir genießen die Ferienstimmung des Ortes. Dann geht es auf Erkundungsreise in die Altstadt. Wir werfen einen Blick in mittelalterliche Geschichte.

Überlingen ist eine der ältesten Siedlungen am See: Im 7. Jahrhundert wurde sie vom alemannischen Herzog Gunzo gegründet. 1268 zur Freien Reichsstadt erhoben, kam sie durch einen gewinnbringenden Getreide- und

Salzhandel sowie durch den Weinbau zu ansehlichem Reichtum. Daß keine andere Stadt am See damals so befestigt war wie Überlingen, können wir uns bei unserem Gang durch die mittelalterlichen Gäßchen gut vorstellen. Von den ehemals elf wehrhaften Stadttoren, die ab 1350 entlang des Stadtgrabens entstanden, sind heute nicht mehr alle erhalten, doch der mittelalterliche Befestigungsgürtel umschließt die Altstadt nach wie vor in einem Dreieck. Seine stärksten Bollwerke sind der Gallerturm, der Rosenobelturm, der Franziskaner- und der St. Johannturm.

Wir suchen den südwestlichsten Pfeiler der Stadtmauer auf, den über 30 Meter hohen, klobig aussehenden Gallerturm. Wie die ganze Stadt thront er auf steil abfallenden Felswänden, die allerdings nur den Anschein einer natürlichen Lage geben. In Wirklichkeit wurden sie in harter Arbeit von den mittelalterlichen Untertanen freigeschlagen.

Brunnen im Stadtgarten

Trotz seiner starken Befestigung ging die wirtschaftliche Blüte Überlingens schon im ausgehenden 16. Jahrhundert ihrem Ende entgegen. Dazu trugen auch die Plünderung der Stadt im Dreißigjährigen Krieg durch den Hohentwieler Kommandanten Konrad Widerholt (siehe Beitrag Hegau) sowie zwei Pestepidemien bei.

Düfte, Farben, Wasserspiele: Der Stadtgarten

Am Ende des tiefen Befestigungsgrabens am Aufkircher-Tor, über dessen Zugbrücke früher die Gäste den Ort betraten, liegt der Stadtgarten Überlingens. Er gilt als schönste Grünanlage des nördlichen Seeufers. Auf 3,5 Hektar mit 40 Metern Höhenunterschied erlaufen wir uns das bereits 1875 angelegte schmale Band der Anlage.

Wir werden von subtropischer Vegetation und botanischen Sehenswürdigkeiten empfangen: Prachtbäumchen, wie die chinesische Liebesrose, ein Rosengarten, alter Baumbestand und natürlich die berühmte Kakteenanlage, die von Gartenmeister Hermann Hoch im letzten Jahrhundert angelegt wurde und heute mit ihren 80 bis 90 Arten die größte in ganz Deutschland ist. Im Stadtgarten finden wir Düfte, Farben, Vogelgesang, Licht- und Wasserspiele - eine Oase der Ruhe und Erholung mitten im lebendigen Überlingen.

Prachtvoll: Münster und Rathaus

Von jedem Ort aus - auch von der schattigen Laube, in der wir uns kurz ausruhen - ist das Überlinger Münster sichtbar, das mit seinem 78 Meter hohen Turm die Dächerlandschaft der Altstadt weit überragt. Die fünfschiffige spätgotische Pfeilerbasilika wurde in den Jahren 1350 bis 1563 erbaut und trägt wie ihre Vorgängerbauten den Namen des Heiligen der Fischer und Seeleute, St. Nikolaus. Der kleinere der beiden Türme erregt unsere Aufmerksamkeit, als die 177 Zentner schwere Osannaglocke erklingt, die Mitte des 15. Jahrhunderts gegossen wurde.

Im Inneren des Münsters betrachten wir den riesigen Hochaltar eingehend, den Jörg Zürn zusammen mit seinen Brüdern in den Jahren 1613 bis 1616 geschaffen hat. Im Meisterwerk der Renaissance bauen sich vier Skulpturengruppen zu einem Monument von zehn Metern Höhe auf. Die filigran aus Lindenholz geschnitzten Figuren mit ihren fast theatralischen Gesten und individuellem Ausdruck zeigen schon Anklänge an den frühen Barock: Papst Sylvester auf der linken Seite und ein bildhaft schöner St. Michael gegenüber, der mit dem Drachen eine innige ornamentale Einheit bildet.

Gleich gegenüber dem Münster finden wir noch einen Höhepunkt der Stadt: das Rathaus, erbaut 1490, mit seinem berühmten holzvertäfelten Saal. Neben der prachtvollen Balkendecke schuf der Überlinger Bildschnitzer und Zimmerer Jakob Ruess hier 43 Statuetten, die den ständischen Aufbau der mittelalterlichen Gesellschaft dokumentieren und die enge Verbindung der Reichstadt mit dem Kaiser zum Ausdruck bringen sollten. Kurfürsten und Markgrafen, Ritter und Freiherren entdecken wir hier, und

Hochaltar

im Vorraum des Rathaussaals vier Zehntbauern, deren derb naturalistische Züge die Abgabenot des dritten Standes treffend symbolisieren.

Ein absolutes Muß: Die Unteruhldinger Pfahlbauten

Nach so viel Mittelalter beschließen wir, einen Ausflug in ganz „graue Vorzeit" zu machen. Wir fahren südlich von Überlingen vorbei an der Klosterkirche Birnau nach Uhldingen-Mühlhofen: Eine Zeitreise führt uns ins Jahr 1000 v. Chr. Unteruhldingen ist durch seine Pfahlbauten berühmt. Die Rekonstruktionen zweier Dörfer aus der Jungsteinzeit und Bronzezeit vermitteln Archäologie zum Anfassen. Leben und Alltag der Fischer und Jäger vor rund 3000 Jahren werden uns im Freilichtmuseum nahegebracht.

Wir werden vom Direktor des Pfahlbautenmuseums, Gunter Schöbel, durch die dreiteilige Anlage geführt. Im Museumsraum besichtigen wir Originalfunde wie Steinbeile, Tongefäße und Lanzenspitzen. Die Häuser des Steinzeitdorfes, die aus der Zeit etwa 2200 v. Chr. stammen, vermitteln uns einen Eindruck, wie ungemütlich das Leben damals gewesen sein muß. Sie waren stets voller Qualm, weil es nur offene Feuerstellen ohne Abzug gab. Wesentlich komfortabler ging es im Bronzezeitdorf etwa 1000 Jahre später zu. In einem im Freien stehenden Schmelzofen konnten Schmuck und Schwerter hergestellt werden. Interessant finden wir auch, wie im Haus des Töpfers Haushaltsgeräte auf einer einfachen Töpferscheibe geschaffen wurden.

Zirka dreißig Jahre halte ein solches Holzhaus, erklärt uns Gunter Schöbel. Das war vor 3000 Jahren nicht anders als heute. Wir dürfen einen Zimmermann bei der Arbeit filmen, der die Hütten stilecht mit Hilfe einer historischen Axt renoviert. Untersuchungen in neuerer Zeit ergaben, daß die Hütten nicht im, sondern am Wasser auf Stelzen standen, und erst durch die Niveauhebungen des Bodensees überflutet wurden. Das anschauliche Freilichtmuseum in Unteruhldingen ist Ziel aller Klassenfahrten der Primarstufe, aber nicht nur für Schulkinder zu empfehlen.

Nicht nur hier ein Tip: Das Auto stehen lassen

Neben seinen Pfahlbauten hat sich Unteruhldingen in den letzten Jahren auch Verdienste durch beispielhafte Maßnahmen für einen sanften Tourismus erworben. Rad- und Spazierwege machen hier das Auto überflüssig.

Unteruhldingen, an einem Naturschutzgebiet unweit der Aachmündung in den

Bodensee gelegen, ist der grüne Ort am See: Hotels und Restaurants haben grüne Sterne, sie belegen Gastfreundschaft und Umweltbewußtsein.

Unweit des Pfahlbautenmuseums betreibt Erwin Knoblauch seinen Familienbetrieb und verkauft am Stand geräucherten Bodenseefisch. Seine Spezialität: der Felchen. Um ihn frisch auf den Tisch zu bringen, fährt der Fischer schon mitten in der Nacht auf den See hinaus. Für ihn ist seine Arbeit, selbst wenn sie manchmal über zehn Stunden hinausgeht, immer etwas Besonderes. Sein geräucherter Felchen, der beliebteste Speisefisch am Bodensee, schmeckt uns hervorragend.

Puppenstuben im Überlinger Stadtmuseum

Von der Steinzeit zurück ins mittelalterliche Überlingen: Wir besuchen den nordöstlich der Altstadt gelegenen Patrizierhof der Reichlin von Meldegg, welcher das Städtische Museum beherbergt. In dem weitläufigen, auf dem Luzienberg stehenden Haus sind bedeutende kunst- und stadtgeschichtliche Sammlungen zu besichtigen. Wir sehen Funde aus der Römerzeit, einen Mammutknochen und die Rekonstruktionen ehemaliger Bauernstuben, Fahrräder von anno dazumal und als Attraktion einen Gebärstuhl aus der Mitte des 18. Jahrhunderts.

Vor allem aber interessieren uns hier die 50 historischen Puppenstuben, die von der Stuttgarterin Johanna Kunz gesammelt wurden. Sie entführen uns in die Lebenswelten der verschiedenen gesellschaftlichen Schichten von der Renaissance bis zum Jugendstil.

Im Park des herrschaftlichen Anwesens entdecken wir alte Friedhofskreuze und einen versteckten riesigen Torkel, Zeuge einer Zeit, in der Überlingen eines der größten Weinanbaugebiete am Bodensee gewesen ist. Danach genießen wir auf der Terrasse des Museumscafés einen herrlichen Blick auf die Stadt und die Umgebung. Vor allem der Bodanrück auf der gegenüberliegenden Seite mit seinem langgezogenen dunklen Waldkamm lädt zu einem Wanderausflug ein.

Natur pur: Der Hödinger Tobel

Wir haben uns aber eine Wanderung ausgedacht, die wir ohne Transportmittel gleich von der Stadt aus starten können. Vom Zentrum Überlingens wandern wir nach Westen. Es geht an der frühromanischen Sylvesterkapelle Goldbach vorbei zum Aussichtspunkt Gletschermühle. Von hohen Pappeln gesäumt, öffnet sich vor uns ein fast kreisrunder Trichter von 20 Metern Durchmesser, ein ungewöhnlicher Einschnitt, der durch eiszeitliche Strudel entstanden ist.

Von den Goldbacher Gletschermühlen führt uns ein geologischer Wanderweg an den wegen Einsturzgefahr leider nicht zu besichtigenden Heidenhöhlen vorbei zum Naturschutzgebiet Hödinger Tobel. Die enge, tief in den Felsen gegrabene Schlucht ist wildromantisch. Wasserfälle und eine vielfältige Vegetation mit vielen Moosen und Farnen lassen uns Natur pur erleben. Am Ende der Schlucht führt uns ein steiler, aber gut befestigter Weg hinauf nach Hödingen, wo unsere Anstrengung mit einem phänomenalen Blick auf den Bodensee entschädigt wird.

Eine Prise Bodenseewind: „Yachting“

Zurück in Überlingen bleiben wir zum Abschluß beim sportlichen Vergnügen. In der Stadt kann man neben einer Vielzahl kultureller Angebote zahlreiche Freizeitaktivitäten wahrnehmen. Vor allem der Bodensee bietet viele Verlockungen - vom Bootfahren über das Windsurfen bis zum Sporttauchen.

Wir haben auf der Yacht von Konrad Scheurer angeheuert und verbringen mit dem Nußdorfer Segelliebhaber einen Tag auf dem Wasser.

Konrad Scheurer segelt seit beinahe 30 Jahren. Er versucht, auch andere für dieses schöne Hobby zu begeistern. Und daher heißt ein Tag „Yachting“ mit Konrad Scheurer: Wir werden in die Kunst des Segelns eingewiesen, dürfen unter seiner erfahrenen Leitung selbst zupacken und schnuppern eine prächtige Prise Bodenseewind.

Der See ist voller kleiner Segelboote, eine Sättigungsgrenze scheint erreicht. Deshalb würden keine Häfen mehr gebaut, erzählt uns Konrad Scheurer. In seinem Segelclub gehe man sogar dazu über, sich Boote zu teilen.

Vom Wasser werfen wir einen letzten Blick auf Überlingen: Die Uferpromenade leuchtet im abendlichen Licht, das Münster thront hoch über den Dächern, der grüne Garten schlummert in den Gassen - wir nehmen Abschied vom kleinen Nizza am Bodensee.

Der Beitrag beruht auf dem Film von Frank Hertweck.

Uferpromenade

So kommt man hin
Mit der Bahn: Überlingen ist Bahnstation an der Strecke Singen–Radolfzell–Lindau.
Mit dem Auto: Von Stuttgart auf der A 81 nach Singen, weiter auf der A 98 Richtung Lindau bis Stockach, die Autobahn endet hier und geht in die B 31 über, die nach Überlingen führt. Von München und Ulm auf der A 96 nach Lindau, von dort auf der B 31 nach Überlingen.

Touristische Informationen
Kurverwaltung Überlingen
Landungsplatz 14
88662 Überlingen

Tel.: 07551/9911-22
Fax: 07551/9911-35

Felchen und Hopfen
Vom Bodensee nach Tettnang und zurück

Südöstlich von Friedrichshafen, zwischen Langenargen, Eriskirch, Tettnang und Kressbronn, liegt eine der vielseitigsten Landschaften des Bodensees. Im Sommer bieten hier baumhohe Hopfengärten in grüner, rankender Fülle zwischen mediterran anmutenden Obstanlagen ein Bild überwältigender Fruchtbarkeit. Von Tettnang ziehen sie sich bis an den Bodensee. Was im Hinterland der Hopfen, ist dort der Felchen.

Rund um Bier und Fisch geht heute unsere Reise. Dabei werden wir immer wieder dem Namen der Montforts begegnen. Das schwäbisch-alemannische Grafengeschlecht, das man übrigens nicht französisch, sondern urdeutsch ausspricht, war mehrere Jahrhunderte lang in dieser Region bestimmend und hat überall seine Spuren hinterlassen.

Unsere Reise beginnt auf dem Wasser im Fischerboot von Franz Göppinger. Mit seinen 86 Jahren fährt der Fischer immer noch tagtäglich hinaus auf den See und hilft seinem Sohn bei diesem alten Handwerk.

Seit der Bodensee besiedelt ist, werden hier Fische gefangen. Dabei wurden noch bis in die fünfziger Jahre hinein riesige Baumwollnetze verwendet, 30 Meter hoch und 170 Meter lang, erzählt uns Franz Göppinger. Die schweren, engmaschigen Netze mußten von Hand geflickt und regelmäßig zum Trocknen aufgehängt werden. Heute wird mit unempfindlicheren und leichteren Schwebenetzen aus Kunststoff gefischt.

„Versäume ja Langenargen nicht!“
„Wenn du übers Jahr wieder an den See kommst, versäume ja Langenargen nicht!" So schrieb 1842 die Dichterin Annette von Droste-Hülshoff ihrem Freund Levin Schücking. Zurück auf festem Boden stehen wir eben auf jenem gepriesenen Fleckchen Erde, das mit seiner langen Uferpromenade und dem südlichen Flair einst viele berühmte Künstler nach Langenargen gezogen hat. Zum Beispiel den Spätimpressionisten Hans Purrmann, der von 1919 bis 1935 in der „Sonnenstube des Bodensees“ seine Sommermonate verbrachte und hier auch begraben ist.

Seine Werke besichtigen wir im Langenargener Museum, das im ehemaligen, renovierten Pfarrhaus - einem repräsentativen Bau im barocken Stil - auf Initiative des heutigen Museumsdirektors Eduard Hindelang eingerichtet wurde. Es beherbergt eine bedeutende Sammlung regionaler Kunst und hat auch über die Grenzen Deutschlands hinaus viel Anerkennung gefunden. Dem in Speyer geborenen Matisse-Schüler Hans Purrmann ist eine ganze Etage gewidmet.

Beliebtes Ausflugsziel:
Das Schloß Montfort

Im Eingangsbereich des Museums stoßen wir auf eine Ahnengalerie der Grafen von Montfort, die in Langenargen ihren Sommersitz hatten. Dorthin führt als nächstes unser Weg, denn das Schloß Montfort, das auf einer schmalen Landzunge westlich der Argenmündung steht, ist Wahrzeichen Langenargens und ein beliebtes Ausflugsziel.

Mit seinen ockerfarbenen und roten Backsteinen sieht das Gebäude aus,

Schloß Montfort

als stamme es aus Tausendundeiner Nacht. 1861 wurde es nämlich auf Wunsch König Wilhelm I. von Württemberg auf den Ruinen der verfallenen alten Anlage neu erbaut - und zwar, wie es damals Mode war, im pseudo-maurischen Stil nach dem Vorbild der Stuttgarter Wilhelma. Heute bildet das Schloß Montfort den Rahmen der alljährlichen Langenargener Sommerkonzerte. Nach einem herrlichen Ausblick vom Turm des Schlosses auf den See und die Gebirge in der Ferne, dürfen wir in der romantisch-festlichen Atmosphäre seines Konzertsaals den Ungarischen Tanz No. 2 in d-Moll von Johannes Brahms genießen.

Mit Filzpantoffeln durchs Märchenschloß

Der Stammsitz der Grafen von Montfort war Tettnang, ein kleines Städtchen im Hinterland des Bodensees, das 1297 die Stadtrechte erhielt. Schon von weitem sehen wir hoch über dem Schussental sein Neues Schloß thronen. Angestrahlt von Scheinwerfern leuchtet es mit seiner mächtigen Fassade in der Dunkelheit wie ein Märchenschloß.

Der Bau der vierflügeligen barocken Anlage mit zwei Ecktürmen wurde 1712 von dem Montforter Graf Anton III. in Auftrag gegeben. Er brachte seinem Besitzer allerdings kein Glück, denn die ungeheuren Baukosten trieben den Grafen bereits vor Fertigstellung der Anlage in den Ruin. Nach einem verheerenden Brand mußten die Montforter das Schloß sowie die gesamte Grafschaft 1780 an Österreich verkaufen.

Die gräflichen Appartements des Schlosses sind nach umfangreichen Restaurierungsarbeiten vor gut 30 Jahren in alter Schönheit wiedererstanden. Wir besichtigen sie im Rahmen einer Führung und - um die reichbemusterten

Schloß Tettnang

Hopfenpfad

Parkettböden zu schonen - in riesigen Filzpantoffeln.

Die Räume sind unter anderem mit Arbeiten von Joseph Anton Feuchtmayer und dem Langenargener Künstler Andreas Brugger geschmückt. Kleine Stukkatur-Engel musizieren hoch oben an der Decke, Jahrmarktsfiguren wie Quacksalber und Marketenderin sind in Öl lebendig auf die Wand gemalt. Und im Bachussaal, dem repräsentativsten Raum des Schlosses, zeigt ein Deckengemälde den unbesiegbaren Herakles, der nach der griechischen Mythologie zwölf Prüfungen bestehen muß.

100 Prozent Tettnanger Hopfen im Glas ...

Nach der Besichtigung des Schlosses kehren wir in Tettnang in den Gasthof „Zur Krone" ein - und das nicht nur aus kulinarischen Gründen. In diesem Haus verbrachte der letzte Montforter Graf verarmt seine letzten Lebensjahre. Er starb 1787. Heute ist die Gaststätte ein beliebter Treffpunkt für Tettnanger Bürger, aber auch für Besucher. Den Grund dafür erraten wir gleich beim ersten Schluck Bier: Das schmeckt hier nämlich besonders gut. Es wird in der hauseigenen Kronenbrauerei gebraut, und die benutzt beim Brauen 100 Prozent Tettnanger Hopfen.

Die Kronenbrauerei ist die letzte von ehemals 26 Brauereien im Stadtgebiet und seit 1847 im Besitz der Familie Trauscher. Nachdem wir uns in der Krone gestärkt haben, lassen wir uns von Roman Trauscher in die Geheimnisse der traditionellen Braukunst einführen. Wir lernen den modernen Betrieb vom Sudhaus bis zum Lagerkeller kennen.

Danach wird wieder „gezwickelt": Der Braumeister zapft uns ein kellerfrisches, naturtrübes Bier, so wie er es selbst am liebsten trinkt. Übrigens: Im traditionsbewußten Gasthaus Krone kann man sich wie früher sein Bier in den eigenen Bierseidel einfüllen lassen.

... und im Museum

Ein feinherber Duft liegt in der Luft, als wir außerhalb der Stadt zwischen den endlosen Hopfengärten spazierengehen. Die Umgebung Tettnangs ist - nach der bayerischen Hallertau - das zweitgrößte Hopfenanbaugebiet Deutschlands. Geschätzt wird der hiesige Hopfen vor allem für seinen filigranen, wenig bitteren Geschmack. Für Pils-Biere eignet er sich besonders. Ungefähr 70 Prozent der Ernte gehen in den Export: Großabnehmer sind vor allem die USA und Japan. Wer weiß schon, daß in „Budweiser"-Bier der gute Tettnanger Hopfen steckt?

Wir folgen dem etwa vier Kilometer langen, mit Informationsschildern versehenen „Hopfenpfad" zum Hopfenmuseum in Siggenweiler. Ursprünglich, so erfahren wir, war auch diese Region Weinland. Erst Mitte des 19. Jahrhunderts wurde der Anbau des „grünen Goldes", wie man den Hopfen auch nennt, von König Wilhelm I. gefördert, indem er den Bauern zehn Jahre lang den Zehnten erließ.

Im Siggenweiler Hopfenmuseum werden wir in die Zeit zurückversetzt, als die Hopfenernte noch mühsame Handarbeit war. Hunderte von Erntehelfern kamen damals jedes Jahr aus Oberschwaben, dem Allgäu und Vorarlberg zum sogenannten „Hopfenbrocken" hierher: Zum Abschluß feierte man dann ein Fest mit Musik und Tanz.

Inzwischen ist die Hopfenernte, die Ende August stattfindet, fast voll mechanisiert. Wir dürfen zusehen, wie die kleinen grünen Dolden mit Hilfe riesiger Maschinen von der Rebe gepflückt und mit Traktor und Wagen vom Feld geholt werden. Danach erwärmt und trocknet man den Hopfen auf der Darre. Bernhard Locher, promovierter Hopfenpflanzer, zeigt uns, wie er prüft, ob den Dolden auch der letzte Rest Feuchtigkeit entzogen ist. Im Lager warten sie dann darauf, in große Säcke verpackt und in alle Welt verschickt zu werden.

Exkursion ins Eriskircher Ried

Von Tettnang fahren wir zurück an den Bodensee. Neben Hopfengärten und Obstwiesen laden ausgedehnte Wälder, die größten der Gegend, und die Ufer von Schussen und Argen zum Wandern und Radfahren ein. Bei Eriskirch statten wir dem Naturschutzgebiet Eriskircher Ried einen Besuch ab.

Das Eriskircher Ried bietet mit seinen Altwässern, Flachwasserzonen und Schilfgebieten Hunderten von seltenen Pflanzen- und Tierarten einen Lebensraum. Im Juni bedeckt ein blauleuchtendes Meer von Irisblüten die Wiesen. Es ist das größte Vorkommen der Sibirischen Schwertlilie, wie sie richtig heißt, in ganz Europa.

Mal groß, mal „en miniature": Die Kressbronner „Werften"

Von Eriskirch fahren wir weiter nach Kressbronn. Der kleine beschauliche Ort ist durch seine Bodan-Werft bekannt, in der die großen Passagier- und Ausflugsschiffe der Weißen Flotte des Bodensees gebaut werden. Auch die meisten Autofähren laufen hier vom Stapel, die

Irisblüten im Eriskircher Ried

erste schon 1925. Wir besuchen allerdings eine andere „Werft", sie liegt im Keller einer Kressbronner Wohnung. Hier betreibt der im Banat geborene Künstler Ivan Trtanj Schiffsbau en miniature. Mit außergewöhnlicher Kunstfertigkeit und Detailtreue stellt der gelernte Schiffsschmied in seiner Freizeit faszinierende Schiffsmodelle her.

Uns begeistert vor allem das anderthalb Meter lange Modell eines alten Lastschiffes, einer Lädine, die einst auf dem Bodensee verkehrte. Außerdem entdecken wir die „Bounty", ein Bodensee-Kriegsschiff und ein Dutzend Prunkbarken, alle akribisch genau nachgebaut.

Ausflugstip: Unterwegs mit dem Schaufelraddampfer

Und noch ein Schiff interessiert uns in Kressbronn. Wir machen einen kleinen Ausflug auf ganz nostalgische Art, nämlich mit der „Hohentwiel", dem einzigen noch erhaltenen Schaufelraddampfer auf dem Bodensee. Erbaut 1913, hatte sie das Glück nach ihrer Ausmusterung fast 50 Jahre später zur Bleibe für den Bregenzer Segelverein zu werden, der das Schiff für einen Spottpreis kaufte. Heute schiebt sich die „Hohentwiel" mit ihren 950 PS und im Schnitt 20 Stundenkilometern wieder durch den See. Die Salons wurden detailgetreu restauriert. Im ganz aus Kirschbaumholz bestehenden Hecksalon genießen wir eine gemütliche Rundfahrt.

Als wir von Kressbronn zu unserem Ausgangspunkt Langenargen zurückfahren, erleben wir noch einmal Nostalgie. Über den Fluß Argen spannt sich hier nämlich die älteste noch erhaltene Kabelhängebrücke Deutschlands, die als Konstruktionsvorbild für die Golden-Gate-Bridge in San Francisco gedient haben soll. Schwere Lasten konnte die 1897 erbaute Brücke allerdings nie tragen, und so bringt das „technische Wunderwerk“, das heute unter Denkmalschutz steht, nur Radfahrer und Fußgänger sicher über den Fluß.

Frischer Fisch bei „Schwedi“

Zum Abschluß unserer Reise kehren wir in Langenargen im renommierten Fischrestaurant „Schwedi“ ein. Es gehört jener Familie Göppinger, die uns zu Beginn zum Fischen mit auf den See genommen hat. Die meisten der rund 170 Berufsfischer räuchern und verkaufen selbst oder führen ein Restaurant.

Ohne künstliche Nachhilfe gäbe es allerdings am Bodensee schon längst keine Fische mehr. Der Grund des Sees ist nämlich von einem dicken Schlammteppich überzogen, in dem kein Fischlaich überleben kann. In Langenargen garantiert eine Fischbrutanstalt für Nachschub an frischem Bodenseefisch. Felchen, Saiblinge, Seeforellen, Hechte und andere Sorten werden hier millionenfach erbrütet und dann in den See ausgesetzt. Die Langenargener Fischbrutanstalt ist die modernste und größte der insgesamt fünf am See bestehenden Anstalten.

Während Sohn Ewald Göppinger, der Fischer, die frisch gefangenen Felchen zum Räuchern aufhängt, bereiten sein Vater und Franz Göppinger junior, der Koch, eine Spezialität für uns vor, die es auf der deutschen Seite nur hier im Restaurant Schwedi gibt: gebratene Felchenleber. Sie verleiht der Fischplatte, die wir hier genießen dürfen, eine ganz besondere Note.

Der Beitrag beruht auf dem Film von Sabine Klingler.

Kabelhängebrücke über die Argen

So kommt man hin
Mit der Bahn: Langenargen und Kressbronn sind Bahnstationen an der Strecke Singen–Lindau. Für Tettnang ist Meckenbeuren auf der Strecke Ulm–Friedrichshafen die nächste Bahnstation.
Mit dem Auto: Von München und Ulm auf der A 96 nach Lindau, von dort auf der B 31 nach Kressbronn, von dort südlich auf der Landstraße nach Langenargen und nördlich auf der B 467 Richtung Ravensburg nach Tettnang.

Touristische Informationen
Kultur- und Verkehrsamt
Obere Seestr. 1
88085 Langenargen
Tel.: 07543/9330-92
Fax: 07543/4696

Tourist-Information Kressbronn
Seestr. 20
88079 Kressbronn
Tel.: 07543/96650
Fax: 07543/9665-15

Verkehrsverein Tettnang
Montfortplatz 7
88069 Tettnang
Tel.: 07542/510-213
Fax: 07542/510-275

Das Salemer Tal

Ob Kyffhäuser oder Mäuseturm, Watzmann oder Loreley - es hat die Menschen schon immer gereizt, Legenden um die Entstehung von faszinierenden Landschaften oder beeindruckenden Bauwerken zu „spinnen“. Kein Wunder also, daß am Anfang unseres Fahr mal hin-Ausfluges ebenfalls eine solche Sage steht.

So heißt es, daß einst die Kaiserin Helena, Mutter Kaiser Konstantins, den Edelmann Emerius bat, er solle ihr einen der schönsten Plätze der Welt finden. An dieser schönsten Stätte sollte dann nach ihrem Willen ein Teil der Heiligtümer aus Palästina geehrt werden. Als Emerius den schönsten Berg gefunden hatte, bat Helena ihn, er solle jetzt noch jemand finden, der dort oben wohnen möge, um die Heiligtümer zu bewachen. Alsbald zog Emerius selbst mit Weib und Kindern auf den Berg.

Eine gewaltige Seuche kam über das Land, und Hunderte starben. Da pilgerten die Menschen vom tiefen See hinauf zu dem Berg, und die Seuche nahm ein Ende. Der Berg hieß von da an Heiligenberg, und Emerius und seine Söhne führten seinen Namen. Ihm zu Füßen liegt das Salemer Tal, der Bodensee und in der Ferne die Alpen.

Nicht nur wegen der Aussicht: Schloß Heiligenberg

Den Heiligenberg zu erklimmen, das sollte für jeden Besucher der Region ein „Muß“ sein. Die Qualen des Aufstiegs muß auch unser Team auf sich neh-

Schloß Heiligenberg

men. Auf der Suche nach schönen Einstiegsbildern für unseren Fahr mal hin-Film über das Salemer Tal, besiegen wir die 400 Höhenmeter auf den 730 Meter hohen Berg mit dem Fahrrad.

Wir werden reich belohnt. Oben angelangt, wissen wir, warum sich die Grafen von Heiligenberg im 13. Jahrhundert hier eine Burg hinsetzten und warum die Fürsten von Fürstenberg im 16. Jahrhundert an deren Stelle ein Schloß erbauten: Der Blick über das Tal ist einzigartig. Im Frühjahr überzieht die Blütenpracht der Apfelbäume das Land mit einem zartweißen bis rosafarbenen Schleier und Blumen sprenkeln gelb die hellgrünen Wiesen. Im Dunst der Ferne lockt der See und weit dahinter die schneebedeckten Höhenzüge des Alpenmassivs.

Das Schloß steht aber nicht nur auf einem der schönsten Aussichtsplätze der Bodenseeregion. Wenn sich seine schweren Tore öffnen, hält man beim Blick in die Innenwelt den Atem an. Schloß Heiligenberg gilt als eines des besterhaltenen Renaissanceschlösser Deutschlands. Der Rittersaal aus dem 15. Jahrhundert mit seinen zwei Geschossen und über 30 Metern Länge gehört zu den bedeutendsten und schönsten Kunstwerken, die in der Renaissance nördlich der Alpen geschaffen wurden.

Das Ambiente macht uns die Vorstellung von rauschenden Festen und Tafelfreuden der alten Ritter und Fürsten leicht, die früher hier stattgefunden haben. Eine frei hängende, reich geschnitzte und mit kunstvollen Motiven versehene Kassettendecke spannt sich über den lichtdurchfluteten Saal und verleiht ihm eine unvergleichliche Würde und Eleganz. In den Sommerferien ist das Schloß für Besichtigungen geschlossen. Schloßherr Fürst zu Fürstenberg residiert dann hier. Auch er weiß wohl den Blick über das Salemer Tal zu schätzen.

Das Salemer Tal: Heimat guter Küche

Der Gedanke an „Tafelfreuden“ begleitet uns ins Tal. Im Gasthaus „Adler“ in Lippertsreute besuchen wir Peter Vögele, der nach seinen Lehr- und Wanderjahren nun wieder im Familienbetrieb als Koch tätig ist, und das in elfter Generation. Er hat sich auf die regionale Küche spezialisiert und kocht für uns eine gefüllte badische Kalbsbrust. Das Fleisch bezieht er aus dem ökologisch geführten Betrieb von Helmut Trautzel, dessen Kühe im Sommer ausschließlich auf der Weide stehen, artgerecht gehalten und gefüttert werden. Das macht den Qualitätsunterschied aus, der sich besonders bei der Spitzenküche auswirkt.

Mit einer guten Portion Spätzle und einem Glas badischen Wein lassen wir uns die gefüllte Kalbsbrust schmecken. Peter Vögele ist Koch aus Leidenschaft. Sein Wunsch: Auch in der zwölften Generation soll hier eines Tages noch badische Kalbsbrust gekocht werden, nach dem Rezept seiner Großmutter.

Das Salemer Kloster

Beim anschließenden Verdauungsspaziergang machen wir uns daran, das Salemer Tal zu erforschen. Alle Strecken lassen sich hier gut zu Fuß oder mit dem Fahrrad bewältigen. In ei-

Klosteranlage

nem Radius von zwölf Kilometern durchzieht ein Rad- und Fußwegenetz das Tal von Sehenswürdigkeit zu Sehenswürdigkeit.

Wir fangen im Mittelpunkt des Tals mit der Hauptattraktion an: die Schloßanlage und ehemalige Reichsabtei der Salmannsweiler Mönche. Die repräsentativen Bauten mit ihren prachtvollen Innenräumen bieten ein lebendiges Denkmal deutscher Geschichte und abendländischer Kultur.

Die ehemalige Zisterzienserabtei Salem gehört zu den bedeutendsten Klöstern am Bodensee. Ihren verheißungsvollen Namen erhielt sie 1139 in Anspielung auf die heiligen Stätten in Jeru-Salem. Im 16. und 17. Jahrhundert zählte das Kloster zu den reichsten Abteien des Landes. In 29 Städten besaß es Niederlassungen, die am Wein-, Getreide- und Salzhandel beteiligt waren.

Eine wichtige Persönlichkeit des Klosters war Abt Anselm II., Machtpolitiker und Wirtschaftsmanager seiner Zeit. Der Geistliche und Mönch fungierte als Berater am Hofe Maria-Theresias und gründete 1749 in Stefansfeld die erste Sparkasse Deutschlands.

Die Birnau: Schönste Wallfahrtskirche

Vom Kloster aus führt der Prälatenweg direkt an den Bodensee. Abt Anselm II. wird ihn oft gegangen sein, denn er ist auch der Bauherr der Birnau, der wohl schönsten Wallfahrtskirche am See.

In den Jahren 1746 bis 1750 erbaut, ließ der Salemer Abt ihren Innenraum von Joseph Anton Feuchtmayer ausstatten. Wir bewundern die Ornamente, Putten, Engel und Heiligen des Stukkateurs und Bildhauers Feuchtmayer während eines Gottesdienstes. Eine der berühmtesten Barockfiguren des Meisters finden wir am rechten Seitenaltar: der Honigschlecker, Sinnbild für das „Land, in dem Milch und Honig fließt".

Auch der Maler Gottfried Bernhard Goetz hat sich in der Kirche verewigt. Man sagt ihm nach, daß er dem Wein so sehr zusprach, daß seine Arbeit schon bald darunter litt. Einen Beinbruch nahm er als Wink Gottes, ließ den Wein wieder Wein sein und bedankte sich beim Herrn mit der „Verherrlichung der lieblichen Mutter" in einem großen Deckengemälde.

Die Wallfahrtskirche Birnau verfiel nach ihrer Säkularisierung im Jahr 1804 zusehends, bis sie zu Beginn des 20. Jahrhunderts von den Zisterziensern zurückerworben wurde, die hier ein Priorat einrichteten. Kühn erhebt sie sich auf dem steilen Birnauer Bühl über dem See. Wir haben einen herrlichen Blick auf die schneebedeckte Bergwelt.

Weinprobe auf Schloß Salem

Die Weinberge rund um die Birnau gehören seit der Säkularisierung dem Markgrafen von Baden. Müller-Thurgau wird hier hauptsächlich angebaut. Diese Rebe war einst in Deutschland verboten. Ein Mönch schmuggelte sie von dem gegenüberliegenden Schweizer Ufer über den See. Ein Herr Müller aus Thurgau hatte sie ihm zugesteckt.

Heute zählt der weiße Müller-Thurgau in der Weinkellerei des Schlosses Salem zu den prämierten Spitzenweinen. Kellermeister Herbert Senft kennt seine Kunden. Zwar produziert er mit seinem Team eine Million Liter Wein jährlich, doch exportiert wird wenig. Der Bodenseewein wird hauptsächlich am Bodensee getrunken. Das gleiche gilt für den Sekt, der hier seit 1750 hergestellt wird.

Die Weinprobe, die wir hier besuchen, ist im Pauschalpreis für die Besichti-

Kirche Birnau

Idylle am Klosterweiher

gung der Schloßanlage Salem mit Führung enthalten, einschließlich einer Flasche Wein. Und wer mehr über Wein und Küferhandwerk wissen will, dem sei ein Besuch im Weinbau-Museum empfohlen, das über dem Klosterkeller liegt.

Das Feuchtmayer-Haus

Die absolute Idylle und Ruhe des Salemer Tals haben im 18. Jahrhundert vermutlich auch den großen Stukkateur Joseph Anton Feuchtmayer dazu bewogen, in dieser Gegend zu leben.

1721 hatte er vom Kloster Salem ein Kammergütlein auf dem Killenberg bei Mimmenhausen erhalten, wo er bis zu seinem Lebensende wohnte. Spuren seines Wirkens und Arbeitens finden sich hier allerdings kaum noch.

Das Haus liegt inmitten einer kleinen Seenplatte, die von den Mönchen angelegt wurde. Fleisch zu essen, war nach der Ordensregel verboten. Deshalb züchteten sie Fisch, und deshalb ist der Markgraf auch heute noch einer der größten Fischzüchter im Lande.

Während wir am Killenweiher entlangspazieren, stellen wir uns vor, wie an gleicher Stelle Feuchtmayer von seinem Haus auf dem Killenberg nach Mimmenhausen zu seiner Werkstatt und von dort weiter ins Kloster Salem gegangen ist, wo er - wie in der Wallfahrtskirche Birnau - im Kaisersaal zu Salem mit seinen schwungvollen Figuren und Stuck-Elementen seinen ganz persönlichen Stil vollendete.

Wallfahrtsstätte Maria im Stein

Im Salemer Tal, geprägt von Klöstern und Schlössern, sind die Menschen noch gläubig und traditionsbewußt. Wir besuchen die Wallfahrtsstätte Maria im Stein - tatsächlich eine in den Fels gesetzte Marienfigur. Noch heute pilgern die Bewohner der Gegend an diesen Ort, um von der heiligen Mutter Hilfe zu erbitten.

Und auch hier stoßen wir auf eine Heimatlegende: Man erzählt sich, daß ein edler Ritter aus dem Geschlecht der Bodman lange Jahre in Gefangenschaft gewesen sei. Er habe gelobt, an dem Ort, an dem er seine Heimat wieder erblicken dürfe, eine Kapelle zur Ehren der lieben Mutter Gottes zu errichten. In derselben Nacht kam er frei. Nach langen Tagen und Nächten auf der Flucht erblickte er zum ersten Mal seine Heimat wieder. An dieser Stelle ließ er die Marienfigur im Fels erbauen.

Ein Wandertip: Der Aachtobel-Weg

Die Wallfahrtsstätte ist auch der Einstieg in das Aachtobel. Durch eine Schlucht öffnet sich die Aach ihren Weg ins Tal. Wanderwege entlang des Wassers führen in wildromantische Winkel des engen Tobels. Keine zehn Kilometer vom Trubel am Bodenseeufer entfernt finden wir hier absolute Stille.

Selbst auf Wandergruppen trifft man im Tal der Aach selten. Trotzdem, Angst vor der ewigen Einsamkeit ist auch hier unbegründet: Eine Wirtschaft ist nie weit weg. Ob oben im „Adler“ in Hohenbodman oder in Taisersdorf im „Schwanen“, am Rande des Aachtobels locken Bauernwirtschaften mit Speckvesper und Most. Wir kehren kurz im „Schwanen“ in Taisersdorf ein. Hier serviert 's Klärle für müde Wanderer zum Bauernvesper Most von ungespritztem Obst und zur Leber- und Blutwurst der selbst gezüchteten Schweine auch noch selbstgebackenes Brot. Vorsicht aber für durstige Wanderer: Der Most hat es in sich.

Erlebnispark Schloß Salem

Früher waren die Glocken des Salemer Klosters durch das gesamte Tal zu hören. Es war nicht nur das größte, es soll auch das schönste Glockengeläut in ganz Europa gewesen sein. In verschiedenen Durs und Molls, über mehrere Oktaven hinweg, erklang ein wahres Kunstwerk. Nach der Säkularisierung aber kamen die Glocken abhanden. Heute sind sie in ganz Europa verstreut. Zumindest die Klänge einiger wiedergefundener Glocken konnten auf Tonträgern festgehalten werden. Zurück im Salemer Tal empfängt uns daher nur Stille, unterbrochen von Vogelgezwitscher.

Und auch auf die Salmannsweiler Mönche trifft der Besucher in der ehemaligen Klosteranlage längst nicht mehr.

Schloß Salem

Das Schloß, nach einer Brandkatastrophe 1697 auf den Mauern des ehemaligen Klostergebäudes erbaut, ist heute im Besitz der Markgrafen von Baden. Ein kleiner Erlebnispark ist hier entstanden: Attraktionen wie ein Feuerwehrmuseum, traditionelles Kunsthandwerk und Ponyreiten sollen Touristen auf die kulturellen Pfade locken, denn der Erhalt und die Restaurierung der alten Anlage sind teuer.

Einer der Restauratoren des Schlosses ist Josef Stehle. Genauer gesagt: Josef Anton Stehle, und nicht nur des gleichen Vornamen wegen ist er mit Joseph Anton Feuchtmayer besonders eng verbunden. Josef Anton Stehle restauriert neben Fassaden auch Stuck sowie Figuren des Meisterstukkateurs und Bildhauers aus dem 18. Jahrhundert. Zum Glück wurden einige Originalformen im Schloß gefunden. Daher braucht er nur noch flüssiges Silikon, und fertig ist ein originalgetreues Feuchtmayer-Stück.

Einer der schönsten Ausblicke

Die Sage von Schloß Heiligenberg und der Kaiserin Helena hat übrigens in den Jahren neue Nahrung erhalten. Nicht Heiligtümer aus Palästina sollen hier oben sein, sondern die Gebeine eines heiligen Papstes. Der Platz wäre würdig: Im Westflügel des Schlosses ist eine Kapelle eingerichtet, deren Schnitzereien und Kunstwerke dem Rittersaal kaum nachstehen.

Die doppelstöckige Schloßkapelle aus dem 16. Jahrhundert birgt unter ihrem Altar einen Sarkophag: In ihm sollen die

Ochsenschwanzragout

Zutaten: 3 kg Ochsenschwanz, Salz, Pfeffer, ein wenig Cheyennepfeffer, Olivenöl, 1 EL Tomatenmark, 0,25 l kräftiger Rotwein, 100 g feingehackte Zwiebeln, 1 l Bratenfond vom Rind, Mehlbutter von 40 g Mehl

Zubereitung: Den gesamten Ochsenschwanz an den Knorpeln in Stücke schneiden. Mit Salz, Pfeffer und Olivenöl im Ofen bei ca. 190 °C anrösten (30 Min.). Mit Rotwein ablöschen, Tomatenmark und Zwiebeln dazugeben. Temperatur auf 135 °C herunterdrehen. Kräftigen Rinderfond separat mit Mehlbutter abbinden und dann zum Ochsenschwanz geben.
Nun beginnt das Schmoren (ca. 2 Std.). Die Sauce soll immer leicht sämig sein, was man mit Wasser etwas regulieren kann. Sobald der Ochsenschwanz weich geworden ist, wird die Sauce nochmals passiert und abgeschmeckt. Sie soll sämig sein, aber nicht dick.

Als Beilage reicht man breite Nudeln und Buttergemüse. Das Gericht wird mit etwas Brunoise und Thymianzweigen garniert. Zum Ochsenschwanzragout trinkt man kräftigen Rotwein, Merdinger Bühl vom Heger.

Rezept der Familie Vögele, Landgasthof Adler in Lippertsreute

Reliquien des heiligen Papstes Felix I aufbewahrt sein. Er ist 269 n. Chr. gestorben und soll im Jahr 600 hierher überführt worden sein. Ob 's stimmt, sei dahingestellt, aber er hätte, dank Kaiserin Helena, tatsächlich einen der schönsten Ausblicke der Welt.

Der Beitrag beruht auf dem Film von Erich Schütz.

So kommt man hin
Mit der Bahn: Salem ist Bahnstation an der Strecke Singen–Radolfzell–Lindau.
Mit dem Auto: Von Stuttgart auf der A 81 nach Singen, weiter auf der A 98 Richtung Lindau bis Stockach, dann B 31 bis nach Mühlhofen-Uldingen, dort zweigt eine Landstraße nach Salem ab.

Touristische Informationen
Verkehrsamt Salem
Leutkircherstr. 1
88682 Salem
Tel.: 07553/82312 (vorm.)
oder 82314 (nachm.)
Fax: 07553/82333

Verkehrsamt Heiligenberg
Pfullendorfer Str. 1
88633 Heiligenberg
Tel.: 07554/9413
Fax: 07554/9260

Ravensburg
Stadt der Türme und Tore

Für Ravensburg, der Oberschwaben-Metropole mit fast 50 000 Einwohnern, gibt es viele Bezeichnungen, nicht nur offizielle. Von Auswärtigen, Freunden und Verehrern wird die Stadt mit Titeln geschmückt wie „Das Schwäbische Nürnberg“ oder „Die gute Stube Oberschwabens“. Man nennt sie aber auch „Die Stadt der Türme und Tore“.

Diese Aussage läßt sich am besten vom Wahrzeichen der Stadt aus überprüfen, dem „Mehlsack“, der ursprünglich „Weißer Turm bei St. Michael“ hieß. Der Volksmund nannte ihn so, weil er rund ist und früher einmal weiß wie Mehl war. Von seinen 51 Metern Höhe kann man sie alle sehen, die im wahrsten Sinne großen Gebäude Ravensburgs: den Wehrturm, den Blaserturm, den Gemalten und den Grünen Turm, das Obertor und Untertor, das Frauentor, die Veitsburg. Damit haben wir längst noch nicht alle aufgezählt.

Ein Ritual:
Einkaufen auf dem Wochenmarkt

Doch bevor wir uns zumindest einige dieser Gebäude näher ansehen, wollen wir die Menschen kennenlernen, die hier leben. Und wie kann man das in Ravensburg am besten? Samstags in der Früh auf dem Wochenmarkt: Da geht es im Altstadtzentrum hoch her.

Wo vor Jahrhunderten bereits die Kaufleute der Stadt europaweit handelten, treffen sich heute ihre Bürger zu einem beliebten Wochenend-Ritual: Einkaufen auf der Marktstraße. Einst residierten hier reiche Patrizier, heute bieten Bauern aus dem schwäbischen Oberland den Städtern ihre Waren zum Kauf an. Aber nicht nur einheimische Erzeugnisse sind hier zu erstehen, auch Pasta nach italienischen Rezepten oder Pikantes aus Griechenland, das Angebot ist international.

Die Stadt zeigt sich heute von ihrer Sonnenseite. Auf dem Marienplatz und in den angrenzenden Straßen und Gassen flanieren die Menschen oder sitzen in einem der Straßencafés und lassen einfach mal die Seele baumeln. Sie pflegen, was in der Stadt gemeinhin das „Ravensburger Lebensgefühl" genannt wird. Wir mischen uns unters Volk und fragen bei ein paar Passanten genauer nach. Wie sind die Ravensburger für die Ravensburger? Heimatverbunden, hören wir da, ein bißchen konservativ und mit viel Bürgerstolz, ein sehr eigener Menschenschlag mit unterschiedlichen Charakteren: manche schwierig, wortkarg, eigenbrödlerisch. Die Jugend ist dagegen sehr offen und mit viel Szene.

Nach unserem ersten Eindruck von Ravensburg finden wir, daß seine Bürger ruhig stolz auf ihr Städtchen sein dürfen. Wenngleich uns ihre Liebe zu Türmen und Toren hin und wieder doch etwas zu leidenschaftlich berührt. Etwa wenn sie ihren Mehlsack anhimmeln und - so gesteht einer der Passanten - krank würden, wenn sie nicht jeden Tag schauten, ob er noch steht.

Hier soll's spuken: Der Blaserturm

Bevor wir uns das so gepriesene Wahrzeichen der Stadt anschauen, liegt da noch der Blaserturm mitten im Ravens-

Marktstand

Blaserturm

burger Altstadtzentrum vor uns, der auch wahrhaft Sagenhaftes zu bieten hat. Als wir die hölzerne Treppe nach oben steigen, knarren die Balken - ganz schön gruselig, oder? Hier oben soll's spuken. Ein Geist gehe um, schworen die Turmwächter schon vor 300 Jahren.

Und tatsächlich: Im Jahr 1552 stürzte der Blaserturm ein. Wie durch ein Wunder kamen dabei nur zwei Menschen ums Leben. Bereits ein Jahr später geschah es wieder. Bei der Grundsteinlegung zum heutigen Neubau im Renaissance-Stil fielen zwei Ratsherren in die Baugrube.

Seither geht das Gerücht vom Spuk am Turm um. Wächter sollen später um Kerzen gebettelt haben, um ab und zu mal nach den Gespenstern sehen zu können. Am Eingangsportal berichtet ein Gedicht über den Einsturz des Turmes.

Patrizier, Kaufleute und eine Handelsgesellschaft

Jedes Kind ab drei Jahren weiß: Aus Ravensburg kommen die Ravensburger Spiele. Sie haben die alte Reichsstadt in der Neuzeit weltweit bekannt gemacht. Wirtschaftlich hat die kleine Metropole zwischen Ulm und Bodensee eine große Geschichte. Ihr Aufstieg begann mit dem größten deutschen Wirtschaftsunternehmen des Mittelalters: der Großen Ravensburger Handelsgesellschaft.

Wir schließen uns einer Schulklasse an, die in der Oberstadt anschaulichen Heimatkundeunterricht erhält. Hier war in einem 1446 erbauten Gebäude der Verwaltungssitz der Ravensburger Handelsgesellschaft untergebracht. Stadtarchivar Peter Eitel klärt uns über die Bedeutung des mittelalterlichen Wirtschaftsimperiums auf. Entstanden aus einem Zusammenschluß von Kaufleuten aus den großen Reichstädten Oberschwabens und des Bodenseeraumes, tätigte die Ravensburger Handelsgesellschaft Warengeschäfte in ganz Europa.

Eine der mächtigsten und reichsten Patrizierfamilien der Handelsgesellschaft waren die Humpis. Ein geschlossenes Quartier mit sieben Gebäuden haben sie in der Oberstadt besessen. Hier soll künftig das Städtische Museum untergebracht werden, das bisher im Vogthaus seine Bleibe hat.

Doch verweilen wir erst einmal bei Familie Humpis. In der evangelischen Stadtkirche erreicht man über eine kleine Treppe auf der Nordseite des Chors die sogenannte Gesellschaftskapelle. Hier finden wir die Grabplatte eines der Mitbegründer der Handesgesellschaft: Henggi Humpis, gestorben 1429. Den Niedergang seines Imperiums brauchte der Kaufmann nicht mehr zu erleben. Nach über 100 Jahren Blütezeit verschwand die Ravensburger Handelsgesellschaft um 1530 von den Märkten. Die Konjunktur des 15. Jahrhunderts ließ sich nicht fortschreiben.

Auf der Grabplatte, das Familienwappen der Humpis: Der Verstorbene ist in der Kleidung reisender Kaufleute dargestellt - mit Dolch und Geldsäckel, Mantel und Pelzmütze. Es ist das älteste Kaufmanns-Epitaph in Deutschland.

Eine „geballte Ladung“ Kultur

Von der Geschichte zurück in die Gegenwart. Wir sind bei einer Probe am Theater Ravensburg dabei. Die Inszenierungen sind hier fast immer spektakulär. In manche Vorstellung geht man allerdings am besten in Begleitung von Einheimischen, einige Gags sind nämlich nur dem lokalen Publikum zugänglich. Darüber hinaus gibt es in Ravensburg eine Vielfalt weiterer kultureller Veranstaltungen: Kleinkunst in der Zehntscheuer, Puppentheater in der Brotlaube am Gespinstmarkt und jede Menge Livemusik in den Jazzkellern und Szenelokalen der Stadt.

Das Konzerthaus gilt dagegen eher als Musen-Tempel der Arrivierten. Das von einem angesehenen Ravensburger Geschäftsmann gestiftete Gebäude wurde 1897 feierlich eröffnet. Für das „Denkmal des deutschen Kunst- und Schönheitssinns“, wie das „Concert-Haus“ damals genannt wurde, erhielt sein Stifter die Ehrenbürgerschaft der Stadt. Erweitert wurde der Bau 1899 durch ein Bühnengebäude.

Von den Künstlern der Region treten hier höchstens mal örtliche Ballett- und Musikschüler auf, ansonsten spielen Tournee-Bühnen und gastieren bekannte Schauspiel-Ensembles. Ein Besuch lohnt sich auf alle Fälle: Mit seinen 700 Plätzen und der Original-Innenausstattung ist das Konzerthaus von Ravensburg ein traumhaftes Theater.

Ein Turm zum „Fern-Sehen“: Der Mehlsack

Jetzt brechen wir aber endlich auf zum Wahrzeichen der Stadt. Schließlich sind wir vom Fernsehen, und uns wurde erzählt, daß auch der Mehlsack etwas mit „fern-sehen“ zu tun hatte. Die alten Ravensburger erhofften sich von seiner Plattform wichtige Nachrichten.

Mehlsack

Von hier oben ist nämlich auch die Veitsburg gut einsehbar, die - um 1080 von den Welfen gegründet - hoch über der Stadt liegt. Ab 1274 war sie Sitz der Reichslandvögte von Schwaben als Interessensvertreter des Königs. Diese waren bis ins 17. Jahrhundert hinein die politischen Gegner der Freien Reichstadt Ravensburg.

Als städtische Macht und bürgerliches Selbstbewußtsein im Laufe des Mittelalters erstarkten, ließ man den Mehlsack 1425 als Teil der Stadtbefestigung an der höchsten Stelle der Stadt erbauen. Er diente zur Kontrolle des Veitsburg-Geländes, war eine Art Unabhängigkeitserklärung der stolzen Ravensburger. Drei schwere, auf die Burg gerichtete Geschütze, sollten den Landvogt in seine Grenzen weisen.

1647 übrigens brannte die Veitsburg nieder. Auf der Ruine des mittelalterlichen Bergfrieds entstand 1751 das sogenannte „Schlößle". In der alten erhaltenen Burganlage ist heute die Jugendherberge der Stadt untergebracht. Dort oben gibt es ein vorzügliches Restaurant, in dessen Biergarten wir uns für eine Pause zurückziehen. Die über 300 Steinstufen, die zur Veitsburg führen, haben somit den Aufwand gelohnt. Aber keine Angst: Man kann auch mit dem Auto zur Burg fahren.

Noch mehr Türme

Unten in der Stadt spazieren wir wieder durch die Ravensburger Gassen. Wohin wir blicken: Neben malerischen Fachwerkhäusern, efeubewachsenen Gebäuden und farbenfrohen Blumenbee-

Veitsburg

ten, gibt es Türme und Tore überall. Darunter befindet sich im Nordwesten der „Gemalte Turm" mit seinen Wappenschildern und Rautenmustern. Kaufleute der Großen Handelsgesellschaft sollen einen solchen bei ihren Reisen in Venetien gesehen haben und bauten ihn daheim in Ravensburg nach.

Auffallend ist auch der „Grüne Turm" mit seinen grünglasierten Dachziegeln, die zum größten Teil noch aus der Erbauungszeit, dem frühen 15. Jahrhundert, stammen. Er steht - natürlich - an der „Grüne Turm-Straße", ganz in der Nähe des bis 1429 bestehenden Jüdischen Ghettos, und wurde im 19. Jahrhundert als Gefängnis benutzt.

Weiter geht es zum Obertor mit seiner charakteristischen Uhr aus dem Jahr 1618 und dem Armesünderglöcklein im Giebel, das noch bis ins 20. Jahrhundert hinein bei Hinrichtungen geläutet wurde.

Platz des stillen Gebets:
Die Lourdes-Grotte

Mitten im Wald, in einem verschwiegenen Winkel, finden wir einen Ort des stillen Gebets. Das Ehepaar Sauters, das wir hier vor einer Marienstatue im Fels antreffen, und „ihr" Kreuzberg - das ist eine Geschichte, die von tiefer Frömmigkeit handelt. Die beiden halten den Platz mit viel Arbeitseinsatz instand, schmücken den grauen Fels mit Blumen, befreien den Weg von Laub und Schnee - und das ehrenamtlich. So finden die Menschen, die am Kreuzberg Hilfe von der Heiligen Mutter Gottes erbitten, immer einen gepflegten Platz für ihr Gebet vor. Die „Lourdes-Grotte" wurde an einem Sonntag im Juni des Jahres 1886 eingeweiht. Damals schritten hier weißgekleidete Mädchen im strömenden Regen andächtig einer Prozession voran.

Biergenuß bei Leibingers

In Oberschwaben schließen sich Volksfrömmigkeit und Lust auf leibliches Wohl nicht aus. Wir besuchen eine der beiden Brauereien, die es noch in der Stadt gibt, beide sind über hundert Jahre alt. Der sogenannte „Bierbuckel" und das „Schwarzwäldle" - so benannt nach einem alten Braumeister namens Schwarz - sind seit jeher beliebte Ausflugsziele am Rande Ravensburgs.

Wir kehren in der Brauereigaststätte Leibinger am Bierbuckel ein, um unser Feierabend-Bier zu trinken, denn das tun hier durstige Ravensburger schon seit der Jahrhundertwende, als der Familienname Leibinger zum Qualitätszeichen wurde. Lange allein muß man nicht sitzen. Man kann sie kennenlernen, die Alteingesessenen. Nach einem oder zwei Halben wenden sie sich gerne auch mal Fremden zu.

Die Küche des Gasthofs bietet einfache schwäbische Deftigkeiten. Wir bestellen Wurstsalat mit Bratkartoffeln, eine köstlich gute Wahl. Natürlich gibt es auch anspruchsvollere Köche in der Stadt. Unten im Waldhorn bespielsweise, wo Albert Bouley, höchstdekorierter Koch der Region, Kreationen aus regionaler und asiatischer Küche hervorzaubert. Das Menü liegt dort allerdings im dreistelligen DM-Bereich, hier oben am Bierbuckel bekommt man auch schon unter 20 Mark etwas. Die Größe der Portionen muß darunter nicht leiden.

Ein „städtischer" Weinberg

Wein und Ravensburg - auch das geht zusammen. Oberhalb von Mehlsack und Obertor in der Schlierer Straße stoßen wir auf einen kleinen Weinberg. Wie das, wurde doch seit Anfang des 20. Jahrhunderts unterhalb der Veitsburg kein Wein mehr angebaut? Das Weingärtchen ist eine letzte Reminiszenz an die alten weinreichen Zeiten Ravensburgs.

Bis ins vergangene Jahrhundert hinein gehörte der Weinbau zu einem der wichtigsten Erwerbszweige der Stadt. Davon zeugt noch heute eine guterhaltene Weinpresse, der Burghaldentorkel, der in der Nähe des Weinbergs zu besichtigen ist. Und unten in der Stadt kündet die ehemalige Zunftstube im „Rebleutehaus" von der Bedeutung eines fast vergessenen Berufstandes.

Ravensburger Gasse

Wären da nicht Männer wie Peter Hauke. Wir treffen ihn und seine Kollegen im Weingärtchen bei der Pflege der Weinstöcke: Sie sind Stadtgärtner, die sich zu Wein-Gärtnern fortgebildet haben. Der letzte kleine Weinberg Ravensburgs ist nämlich in städtischer Hand.

Tip für Mutige: Ballonfahren

Und auch das kann man in Ravensburg erleben: Auf unserem Rückweg Richtung Mehlsack hängt der Himmel über der Stadt plötzlich voll bunter Ballons. Und da wir ohnehin Bilder für einen gelungenen Abschluß unseres Films brauchen, buchen wir für die nächste Ballonfahrt gleich ein paar Plätze.

Ein Tip für den, der Lust und auch ein wenig Mut mitbringt: Die Ravensburger Brauerei Leibinger hat lange Wartelisten, es gibt diverse andere Unternehmen, wie die „Hot Air Wilhelm" in Markdorf, bei denen man auch buchen kann.

Es ist Samstag, als wir uns in die Lüfte begeben. Heute machen 15 Ballons gleichzeitig klar zum Start. Hier, am Rande der Stadt, findet ein kleines Volksfest statt. Bunter Ballonstoff flattert im Wind: Auch auf diesem Stoff hat sich Ravensburg mit seinen Türmen und Toren verewigt, ein gelungener Werbeeffekt hoch oben am Himmel.

Aber für uns, die wir jetzt Abschied nehmen, ist das gar nicht mehr nötig. Ravensburg ist, was es verspricht, und auf alle Fälle immer eine Reise wert.

Der Beitrag beruht auf dem Film von Jürgen Lösselt.

So kommt man hin
Mit der Bahn: Ravensburg ist Bahnstation an der Strecke Ulm–Friedrichshafen.
Mit dem Auto: Von Stuttgart auf der A 8 nach Ulm, von dort weiter auf der B 30 Richtung Friedrichshafen nach Ravensburg. Von München auf der A 96 Richtung Lindau, Abfahrt Wangen-West, und von dort über die B 32. Vom Bodensee auf der B 33 ab Meersburg.

Touristische Informationen

Verkehrsamt Ravensburg
Kirchstr. 16
88212 Ravensburg

Tel.: 0751/82-324 oder 82-326 oder 82-216
Fax: 0751/82-466

Am Fuße des Klosters Weingarten und seine Umgebung

Von Ravensburg nach Weingarten ist es nur ein Katzensprung. Vermutlich ist genau das der Grund dafür, daß das Verhältnis der beiden durchaus sehr unterschiedlichen Städte seit jeher von einer gewissen Konkurrenz geprägt war. Dabei hat es die eine wie die andere Stadt nicht nötig, um Sympathien zu buhlen. Was für Ravensburg seine Türme und Tore, ist für Weingarten seine Barockbasilika, die größte ihrer Art nördlich der Alpen.

Der „Schwäbische Petersdom", wie die Kirche gerne genannt wird, macht die Stadt zum glanzvollen Höhepunkt der oberschwäbischen Barockstraße. Hier, wo früher einmal der Abt die Fäden der ganz großen Politik zog und Herr über ein eigenes Territorium, den Klosterstaat, war, zeugt noch heute der stolze Anblick des Klosters Weingarten von vergangener Macht und Größe. Wie die meisten Besucher der Region machen auch wir das Kloster zum Ausgangspunkt und Endziel unserer Reise; den Spuren seiner einstigen Herrschaft werden wir immer wieder begegnen.

Ein bunter Markttag

Weingarten ist von seiner herrschaftlichen Klosteranlage geprägt: Weithin sichtbar auf dem Martinsberg liegend und mit einem weiten Blick ins Schussental, überragt das Kloster das Städtchen. Der kleine „Flecken" konnte im Angesicht dieser „Machtdemonstration" nie besonders groß werden.

Kloster Weingarten

Um die Geschichte Weingartens näher zu erforschen, begeben wir uns mitten hinein in sein Zentrum. Wir werden von reger Geschäftigkeit empfangen. Es ist Mittwoch vormittag und Markttag. Wie zu Zeiten des Klosterstaates bieten die Bauern aus den umliegenden Dörfern und Weilern hier ihre Waren an. Das war aber nicht immer so. Der Besucher, den Kohlköpfe, Lauchstangen, Rüben, Äpfel und buntes Allerlei von den Markttischen her anlachen, weiß nichts mehr von dem Kampf, der einst um den Verkauf der Waren stattgefunden hat.

Im Bemühen um die Marktrechte zeigt sich nämlich das ständige Ringen der Stadt um Eigenständigkeit. Weingarten, das früher Altdorf hieß, mußte sich die Marktrechte immer wieder neu erkämpfen, denn seine Gegner, das Stift und die Reichsstadt Ravensburg, machten sie ihm ebenso oft wieder streitig. Das Privileg, Handel zu treiben, in früheren Jahrhunderten heiß begehrt und kostbar, war der erste Schritt zu Wohlstand und Unabhängigkeit.

Erst nachdem das Kloster Weingarten im frühen 19. Jahrhundert säkularisiert und vorübergehend aufgelöst worden war, konnte sich Altdorf zu einer richtigen Stadt entwickeln. Die Zahl seiner Bewohner nahm zu, Industriebetriebe siedelten sich an, Hochschulen wurden gegründet. 1865 wurde Altdorf zusammen mit dem Kloster zur heutigen Stadtgemeinde zusammengeschlossen und bekam seinen neuen Namen: Weingarten.

Auf den Spuren der Welfensage

Fast alle Sehenswürdigkeiten der Stadt stehen in einer Beziehung zum Kloster, oder sind zumindest Zeugnisse eben jenes spannungsgeladenen Verhältnisses zwischen Stift und Altdorf: zum Beispiel das Amtsgebäude auf dem Münsterplatz, in dem einst der Landvogt residierte, der sich gegen die herrischen Äbte zur Wehr setzen mußte.

Oder die Welfensage: Sie ist im Wandgemälde am Amtsgebäude und in einer Skulptur verewigt, die davon erzählt, wie die Welfen, die im 11. Jahrhundert das Kloster Weingarten gründeten, ihren Namen erhalten haben.

In der Sage wird das Wort Welfe, wie Welpe, spöttisch auf neugeborene Kinder bezogen. Es sind zwölf solcher „Welfen“, die die stolze Gräfin Irmentrud gebar, nachdem sie eine Bettlerin wegen ihres Kinderreichtums kühl von der Schwelle gewiesen hatte.

Kulturtip:
Das Kino „d' Linse“

Auch eine andere Einrichtung führt die „Welfen“ in ihrem Namen, und das verleiht ihr ein wenig von altehrwürdigem Glanz. Es ist das „Welfentheater“ in Weingarten, eines der ältesten Kinos Deutschlands, gegründet 1911.

Hier treffen wir Eugen Detzel, der an der Kasse Eintrittskarten verkauft. Und - wie das bei einem richtigen Kinobesuch dazugehört - man kann bei ihm auch Snacks und Erfrischungen erstehen. Er erzählt uns, wie er Anfang der 80er Jahre vom Jugendhaus in Kressbronn, einer Art Studentenkino, hierher kam und froh war, endlich mal „richtige“ Filme statt immer nur 16 Millimeter-Streifen zeigen zu können. „Wir fahren die mittlere Schiene zwischen Programm- und kommunalem Kino", erklärt Eugen Detzel das Konzept.

Die Leute von der „Linse", so heißt das Welfentheater heute, zeigen progressive Filme auf museumsreifen Maschinen. Bewußt wird hier auf ein eigenständiges Programm mit eigenständigem Profil gesetzt: Man pflegt die gute alte Sitte des Vorfilms und zeigt fremdsprachige Filme selbstverständlich im Original. Für sein anspruchsvolles Programm hat „d' Linse" sogar schon mal einen Preis erhalten.

Das - übrigens einzige - Kino in Weingarten ist der Treffpunkt für Cineasten aus der ganzen Region. Wer Lust hat, kann hier gerne auch mal hinter die Kulissen schauen, die alten Projektoren bewundern und die Filmvorführerin bei der Arbeit beobachten, einem Handwerk, das leider vom Aussterben bedroht ist.

Museumstip: Von der Vorzeit ins Mittelalter

Unsere Spurensicherung der Weingartener Geschichte führt uns zum neuen Kulturzentrum der Stadt. Im historischen Kornhaus wurde 1976 das sogenannte „Alamannen-Museum" eröffnet. Hier erfahren wir, daß vor den Welfen die Alemannen im Schussenbecken siedelten. Sie gründeten im 5. Jahrhundert die Siedlung, die sie „Alachdorf" nannten, das „Dorf beim Heiligtum".

Wir stehen schon ein wenig ehrfürchtig vor den Ausstellungsstücken aus dieser „grauen" Vorzeit: Funde aus den 800 Gräbern, die hier in den fünfziger Jahren westlich der Stadt entdeckt wurden. Die Schmuckstücke, Ketten, Broschen, Fibeln und Waffen legen Zeug-

Alamannen-Museum

nis von der hochstehenden Handwerkskunst des alemannischen Volkes ab.

Von der grauen Vorzeit ins Mittelalter, vom Alamannen-Museum zur Heimatkundlichen Sammlung, dem zweiten Museum in Weingarten. Hier wird uns erklärt, was es mit einem kleinen goldenen Kreuz Großes auf sich hat, und das bis zum heutigen Tage. Angeblich enthält es nämlich einen winzigen Blutstropfen Christi.

Die Reliquie, die dem Kloster 1094 von der welfischen Herzogin Judith von Flandern geschenkt wurde, machte Weingarten zum Mittelpunkt einer großen Wallfahrt.

Jedes Jahr am Freitag nach Christi Himmelfahrt findet hier auch heute noch die größte Reiterprozession Europas statt: Mehrere tausend Landsleute kleiden sich in Frack und Zylinder und reiten, Standarten und Fahnen mit sich führend, in aller Herrgottsfrühe über Felder und Fluren.

Wie Zehntausende von pilgernden Fußgängern folgen sie feierlich dem Blutreiter im roten Mantel, der die Reliquie in Händen trägt und für Land und Leute Segen erbittet. Der Weingartener Blutritt ist das bedeutsamste katholische Fest in Oberschwaben.

Sakramentar und Murer-Zeichnung

In der Heimatkundlichen Sammlung können wir aber noch mehr Großartiges bestaunen: Zum Beispiel das Berthold-Sakramentar, eine der berühmtesten

Weingartener Blutritt

mittelalterlichen Handschriften, die in Weingarten entstand. Ausgestellt ist aber nur die Kopie der Handschrift. Das Original liegt in einer gut bewachten Vitrine in der Pierpont Morgan Library in New York, Versicherungswert 13 Millionen Mark.

Die Schätze der Bibliothek wurden bei der Auflösung des Klosters in alle Winde zerstreut. Die Museumsleute müssen sich heute mit aufwendig hergestellten Drucken, sogenannten Faksimiles, behelfen, um zu zeigen, welch hohen Rang die klösterliche Buchkultur einmal besaß.

Übrigens sammelten die Mönche auch weltliche Literatur: Zum Beispiel ist die Weingartener Liederhandschrift eine Sammlung von Minneliedern.

Und noch ein Zeugnis von einer weniger berühmten Geschichte finden wir hier. Es ist die Zeichnung von Jacob Murer, die einzige bildliche Darstellung von Ereignissen, die sich in der Nähe Weingartens zugetragen haben. Es ist das Jahr 1525: Die Truppen des Truchseß von Waldburg treffen auf die „Haufen" der Bauern.

Es herrscht Bauernkrieg. Georg III., der „Bauernjörg", schlägt ihn blutig nieder. Jacob Murer hat in seiner Chronik die Kämpfe um Freiheit und Selbstbestimmung derb und lebensnah dargestellt.

Die Entscheidungsschlacht bei Weingarten veränderte nichts an den alten Zuständen. Die Leibeigenen des Klosters mußten weiterhin Abgaben zahlen und Frondienste leisten, auch wenn in der Bibel eigentlich nichts von der weltlichen Herrschaft einer mächtigen Kirche geschrieben steht.

Ausflugstip:
Im Umland von Weingarten

Oberschwaben ist eine ausgesprochene Sakrallandschaft. Es gibt unzählige Gnadenorte, Wallfahrten und Orte, um die sich Geschichten von Heiligen ranken. Im reizvollen Umland von Weingarten stoßen wir auf zahlreiche Kapellen und Wegkreuze, die von der Frömmigkeit der Bewohner dieser Gegend zeugen.

Je weiter weg von der Stadt, desto ursprünglicher wird das Land. Kleine Dörfer liegen idyllisch zwischen Wiesen und Feldern und haben noch alles, was zu einem richtigen Dorfleben gehört: Bauernhöfe, Traktoren, Menschen, Tiere und mitten im Ort natürlich die Kapelle. Zumindest in Vorzeigedörfern wie Gwigg ist das so. Hier haben die Bewohner bei der Renovierung ihrer Kirche selbst mit Hand angelegt.

Und hier findet man noch etwas, was heute in den meisten kleinen Dörfern fehlt, eine eigentlich lebenswichtige Institution: das Wirtshaus. Anton Holz, der Dorfwirt, ist ein „Zug'reister" und seine Idee, das Dorfleben zu aktivieren und die Menschen aus ihren „Häuserburgen" zu holen, wurde anfangs mißtrauisch von den Alteingesessenen beäugt. Jetzt ist seine Gaststube ein voller Erfolg. Die Brotzeit holt man sich hier selbst an der Theke und verzehrt sie im ehemaligen Kuhstall. Der ist mit Holztischen und Bänken im Stil der alten Bauernwirtschaften eingerichtet.

Direkt vom Rößlerhof

Da viele Bauern vom Ertrag ihrer Höfe längst nicht mehr leben können, hat sich so mancher Landwirt von den herkömmlichen Arbeitsmethoden abgewandt und bewirtschaftet seinen Hof nach ökologischen Grundsätzen. Einer davon ist Uli Gruninger vom Rößlerhof, den wir beim Hacken der Gemüsebeete antreffen. Ökologische Bewirtschaftung bringt nicht nur eine geringere Ausbeute, sie ist auch um einiges arbeitsintensiver.

Dafür allerdings schmecken die oberschwäbische Tomate und der Sellerie frisch vom Feld einfach auch besser. Wer's nicht glaubt, kann's im Hofladen probieren. Auch das ist ein wichtiger Grundsatz der Biobauern: möglichst direkte Vermarktung. Man kann hier Milch, Käse und Brot kaufen - alles, was auf dem Rößlerhof produziert wird.

Klosteranlage

Wandertip: Am „Stillen Bach“ entlang

Wenige Schritte vom Hof entfernt stoßen wir auf einen Bach, der nicht ganz in seinem natürlichen Bett zu fließen scheint. Es ist der sogenannte „Stille Bach“, ein Kanalsystem, das die Mönche im Mittelalter zur Wasserversorgung ihres Klosters fachmännisch angelegt haben. Mit exakt berechnetem Gefälle und Schleusen, die bei starkem Regen die Wasserableitung regulieren, ist der Stille Bach ein ausgeklügeltes System, das man heute auf einem sechs Kilometer langen, malerischen Wanderweg erkunden kann. Es gibt aber noch einen anderen Grund, dem Weg zu folgen. An seinem Ende liegt der Rößlerweiher: Hier darf man sich an heißen Tagen auch mal ein Bad genehmigen.

Das Andenken aus dem Klosterladen

Zurück in Weingarten wollen wir nun aber endlich die prächtige Klosteranlage bewundern, die hier alles überragt. Wir besuchen zunächst den Klosterladen. Von einer Wallfahrt bringt man schließlich nach guter Sitte etwas mit, um es zu Hause in den Herrgottswinkel unters Kruzifix zu stellen.

Dafür ist man im Klosterladen an der richtigen Adresse. Hier gibt es viele Andenken zu kaufen: geweihte Kerzen, geweihtes Öl, erbauliche Literatur, geistliche Musik und Klosterlikör.

Und weiter geht es in die heiligen Hallen des alten Konvents. In den weiten, hellen Gängen, die mit dezentem Stuck verziert sind, werden gerade Graphiken von Günter Grass ausgestellt. In gewohnt drastischer Manier und mit Vorliebe fürs Skurrile, skizziert der Autor die Wesen seiner Romane mit dem Zeichenstift: der Butt, die Rättin, Frosch und Totenkopf, nicht gerade heilige Bilder, die wir hier finden.

Das Kloster wird heute nur noch in einem kleinen Bereich von den Mönchen bewohnt, und die zahlen Miete, wie andere auch. Ansonsten beherbergt es die Pädagogische Hochschule und Fachhochschule und ist Veranstaltungsort für Tagungen, Seminare und Ausstellungen. Die Flure, die die einzelnen Trakte miteinander verbinden, vermitteln einen Eindruck von der Weitläufigkeit der Anlage, die ursprünglich noch viel größer geplant war. Bei einer Klosterführung kann man sie erwandern und kennenlernen.

Basilika

Der „halbe Petersdom“

Dominiert wird die Weingartener Klosteranlage von ihrer im Mittelpunkt stehenden Basilika. Im Gegensatz zu den Konventgebäuden ist die Kirche genauso geworden, wie sich das der ehrgeizige Abt und Bauherr gewünscht hatte. Ihr Kirchenschiff ist exakt halb so lang wie das Kirchenschiff von St. Peter in Rom, das Gleiche gilt für die lichte Höhe vom Fußboden zur Kuppel. Eine beziehungsreiche Zahlensymbolik: Sie macht klar, mit welchem Anspruch sich die Weingartener Mönche architektonisch in Szene setzten.

Und hier - zum Abschluß unserer Dreharbeiten - finden wir sie nun endlich: die heilige Halle. Fast magisch werden unsere Blicke zum Hochaltar gezogen. Er ist als Hauptereignis im Raum inszeniert. Gleichzeitig verwirklichten die Architekten hier eine sehr moderne baukünstlerische Idee: Der traditionelle Längsraum wird mit optischen Mitteln zu einer Halle uminterpretiert. Viele architektonische Details, unter anderem die Art der Einwölbung, aber auch die Deckenmalerei unterstützen diesen Eindruck.

200 Künstler und Kunsthandwerker waren in den Jahren 1715 bis 1724 an der Erbauung und Ausgestaltung der Basilika beteiligt. Einer von ihnen war Cosmas Damian Asam, der mit seiner

Deckenmalerei die Architektur mit malerischen Mitteln fortsetzte. Mit unaufdringlichen weichen Farben wird der Raum in die Ferne des Himmels geöffnet. Angeblich sollen es 2000 Heilige sein, die sich in seinem Kuppelfresko zu einer Prozession formieren.

Für den 32jährigen Cosmas Damian Asam waren diese Fresken seine erste richtig große Arbeit, gleichzeitig sicherte er sich hier in Weingarten einen der damals umfangreichsten Aufträge überhaupt. Er meisterte die Aufgabe mit Bravour.

Konzert für eine Gabler-Orgel

Natürlich brauchte so ein Kirchenraum auch eine ganz besondere Orgel. Wie Cosmas Damian Asam war Joseph Gabler, der Orgelbauer aus Ochsenhausen, ein Neuling. Er schuf hier die größte Orgel Süddeutschlands, deren Klang bis heute Kenner aus der ganzen Welt bewundern. Sogar die Mönche waren zufrieden und zahlten ihm für jede der 6666 Orgelpfeifen einen Gulden extra.

Verzaubert stehen wir vor den meisterlich um die Fenster der Westfassade arrangierten Orgelpfeiffen. Wir haben es versäumt, uns bei der Klosterverwaltung für eine Orgelvorführung anzumelden, aber das Glück ist uns hold: An der Gabler-Orgel treffen wir den Kirchenmusiker Heinrich Hamm, der seit 40 Jahren in Weingarten tätig ist. Er ist mit dem großartigen Instrument aufgewachsen und verwachsen: Die Orgel ist, so gesteht er uns, längst ein Stück seiner selbst geworden.

Und nur für uns schickt Heinrich Hamm heute ihren herrlichen Klang in den heiligen Raum: Pauken und Glocken ertönen, sogar ein Kuckucksruf und dann die geheimnisumwobene Vox Humana, die menschliche Stimme, für die Joseph Gabler sogar einen Pakt mit dem Teufel geschlossen haben soll. So jedenfalls berichten die Legenden, die sich um die Entstehung dieses musikalischen Wunderwerks ranken.

Das Orgelkonzert in der Weingartener Basilika vermittelt uns eine Ahnung von der Idee des barocken Gesamtkunstwerks, in dem Architektur, Malerei und Musik harmonisch zusammenwirken.

Dieser Beitrag beruht auf dem Film von Katharina Prokopy.

So kommt man hin

Mit der Bahn: Der nächstgelegene Bahnhof ist Ravensburg, von dort mit dem Bus nach Weingarten.

Mit dem Auto: Weingarten liegt etwas nördlich von Ravensburg an der B 30 Ulm–Friedrichshafen.

Touristische Informationen

Kultur- und Verkehrsamt
Weingarten
Münsterplatz 1
88250 Weingarten

Tel.: 0751/405-125
Fax: 0751/405-268

Bad Waldsee und Umgebung

Die Oberschwäbische Barockstraße und die Schwäbische Bäderstraße ziehen sich von Ulm bis Lindau und von Saulgau bis Grönenbach im Allgäu. Erholung heißt hier eine Mischung aus schönem Barocken und genüßlich Nassem. Wo die beiden berühmten süddeutschen Straßen im Dreieck Bodensee, Allgäu und Schwäbische Alb aufeinandertreffen, liegt Bad Waldsee.

Wie eine zauberhafte kleine Insel - von zwei Seen eingerahmt - liegt das Städtchen inmitten der reichen Barocklandschaft Oberschwabens. In Bad Waldsee lassen sich Körper und Geist verwöhnen: Neben zahlreichen Sehenswürdigkeiten, die in der Umgebung zu besichtigen sind, kann man hier in warmen Thermen kuren, ein Urwald-Abenteuer erleben und sich mit einem originalen Barockmenü ins kulinarische Szenario vergangener Zeiten entführen lassen.

Erholung an Stadt- und Schloßsee

Fast schon ein bißchen unverschämt: Da liegt das Kurstädtchen Bad Waldsee idyllisch und malerisch von Wäldern umgeben gleich an zwei wunderschönen Seen. Worauf wir Städter ja aber nur neidisch sind, ist für die Waldseer ganz normal. Im Sommer können sie in ihrem Stadtsee baden, sich am Ufer tummeln und die Sonne genießen, im Winter Schwäne und Möwen füttern und, sobald er gefroren ist, die Eislaufsaison eröffnen.

Grünes Bad Waldsee

Promenade am Stadtsee

Ihr zweiter See, der Schloßsee auf der anderen Seite des Städtchens, ist Naturschutz- und Erholungsgebiet. Hier kann man seltene Vögel beobachten, spazierengehen und vor sich hinträumen. Zwischen beiden Seen liegen Schloß und Stadtzentrum, alles mit einem Katzensprung zu erreichen. Und bei soviel Wasser wundert es einen nicht, daß auch das Bad Waldseer Stadtmuseum davon geprägt ist.

Städtisches Museum „im Kornhaus"

Das Städtische Museum ist in einem reizvollen Fachwerkbau, dem Kornhaus gegenüber dem Rathaus, untergebracht. Hier kann man die Geschichte der Stadt in Form von Gegenständen kennenlernen, die aus dem Stadtsee herausgefischt wurden. Ein Taucher hat sie in den letzten zehn Jahren ans Tageslicht zurückbefördert. Wir entdecken zum Beispiel eine römische Münze, die darauf verweist, daß Bad Waldsee einst an einer römischen Verkehrsader lag. Oder wir blicken auf einen schmuckvollen venezianischen Glasdeckel aus dem Jahr 1600, der einer wohlhabenden Person gehört haben muß.

In einer anderen Vitrine sind geheimnisvolle Gegenstände ausgestellt, die unsere Phantasie anregen. Was befindet sich wohl in der verschlossenen Flasche, deren Inhalt dem Besucher mit Absicht vorenthalten wird? Und zu welchem Zweck wurden Äxte und alle Arten von Pistolen in den Stadtsee geworfen? Sie sollten für immer von der Bildfläche verschwinden, doch welcher Schandtaten wollte man sich damit entledigen?

Und zuguterletzt wird unser Blick von etwas ebenso Spannendem festgehalten. In einer Vitrine sind Schüsseln und

Näpfe ausgestellt, in denen man damals Brennt's Mus oder Schwarzmus zubereitet und gesessen hat. Doch die Schüsseln sind - natürlich - leer: Nach dem Inhalt müssen wir schon woanders suchen.

Brennt's Mus von der „Mostbäuerin"

Brennt's Mus ist ein Gericht, das die Bauern in früheren Zeiten gegessen haben, weil es nahrhaft, gut und billig und einfach mit Zutaten vom Hof herzustellen war. Im Gasthaus „Zur Mostbäuerin" in Bad Waldsee finden wir jemanden, der das Rezept noch kennt: Es ist Frau Waggershauser, die Mostbäuerin selbst. Sie klärt uns darüber auf, daß es alle Formen von Mus gegeben hat und alle Variationen der Zubereitung, ob mit Wasser, mit Milch oder halbhalb, mit Dinkel-, Weizen- oder Vollkornschrot - auf alle Fälle ist's ein schmackhafter Brei, der auch heute noch gerne gegessen wird. Brennt's Mus gibt es allerdings nur auf Anfrage.

Ferien auf dem Bauernhof

Und weil wir gerade hier sind, schauen wir der Mostbäuerin bei ihrer täglichen Arbeit über die Schulter. Einkaufen muß sie selten, denn alle Grundnahrungsmittel werden auf ihrem Hof produziert. Täglich frisch backt Frau Waggershauser knuspriges Bauernbrot, und auch Käse stellt sie selbst her, seine Molke wird den Schweinen verfüttert, und die wiederum liefern zu gegebener Zeit frische Blut- und Leberwürste, selbstgeräucherten Schinken und Speck. All das gibt es hier auch für Gäste: Familie Waggershauser vermietet auf ihrem Bauernhof rustikale Ferienwohnungen. Tochter Verena organisiert das Pony-Reiten. Rund um Bad Waldsee gibt es ein gutes Dutzend solcher Höfe, die Ferien auf dem Bauernhof anbieten. Unser Tip für Interessierte: zumindest für die Sommerwochen frühzeitig anmelden.

Mit der „Schwäbsche Eisebahne" zur Schwabentherme

„Auf de schwäbsche Eisebahne gibt's gar viele Haltstatione, Schtuegart, Ulm und Biberach, Mekkebeure, Durlesbach!" Wer kennt es nicht, das schwäbische Volkslied aus dem letzten Jahrhundert, das die Zeit der ersten Eisenbahnen besingt? Aber wer hätte gewußt, daß der darin vorkommende Bahnhof Durlesbach in Bad Waldsee liegt? Dort erinnert noch ein sehr lebendig wirkendes Kunstwerk an das Lied und dessen Geschichte vom bahnunerfahrenen „Bäurle" und seiner armen „Geiß", die mit dem Zug nicht ganz Schritt halten konnte.

1984 wurde der Bahnhof Durlesbach stillgelegt. Der heutige Bahnhof im Zentrum der Stadt ist an den Allgäu-Schwaben-Takt der Bahn angeschlossen. Das bedeutet: Mindestens stündlich gibt es hier gute Zugverbindungen. In gerade mal acht Minuten ist man von Bad Waldsee in Aulendorf.

Wir haben diesen schnellen Weg mit der Bahn gewählt, um uns hier von dem neuesten, größten und modernsten Bad der Schwäbischen Bäderstraße verwöhnen zu lassen. Im Dezember 1993 wurde in Aulendorf die Schwabentherme eröffnet. Vom Thermal-Außenbecken bis zum Kneipp-Kurgarten, vom Planschbecken bis zum Jungbrunnen - ganze 1100 Quadratmeter

Wasserfläche kann man sich hier erschwimmen. Ohne Zeitbegrenzung und mit Sauna-Landschaft ist das ein überaus lohnenswerter Badespaß.

Kulinarischer Tip: Das Barockmenü im „Grünen Baum“

Aber spätestens wenn man allmählich Schwimmhäute bekommt, wird es Zeit, sich neben der Bäderstraße auch der Barockstraße zu widmen. Wir wollen das kulinarisch tun, denn so langsam knurrt uns kräftig der Magen. Wir haben vorgesorgt und uns etwas ganz Exquisites ausgedacht: das Barockmenü im „Grünen Baum“ in Bad Waldsee. Mit vier verschiedenen Gängen wollen wir die barocke Standesgesellschaft hier lukullisch kennenlernen, eine Abfolge von bäuerlichen, klerikalen, adeligen und bürgerlichen Genüssen vergangener Zeiten. Das Menü gibt es nur auf Vorbestellung. Getafelt wird in kleiner Runde und noblem Ambiente.

Wir dürfen in der Küche Berthold Schmidinger, dem Maître de cuisine, beim Anrichten der Speisen über die Schulter schauen. Am Tisch erklärt Michael Barczyk seinen Gästen, wie die Gänge zusammengestellt sind und warum.

Gebäude erzählen Stadtgeschichte

Nach dem opulenten Mahl geht es wieder hinaus auf die Straßen von Bad Waldsee. Eines der ältesten Gebäude an der Hauptstraße ist das Heilig-Geist-Spital: Es wurde schon 1338 erwähnt, war Krankenheim, Armenhaus und sogar Gefängnis.

Das unübersehbare Wahrzeichen Bad Waldsees sind die Doppeltürme der ehemaligen Stiftskirche St. Peter mit ihrer monumentalen Schaufassade. Sehenswert ist auch das Rathaus, das zu den schönsten gotischen Profanbauten Oberschwabens zählt. Hier erfahren

Rathaus

wir wieder etwas von der Stadtgeschichte: Der Bau wurde nämlich 1426 von der Bürgerschaft als Reaktion auf die drückende Herrschaft der Waldburger begonnen.

Bis Anfang des 19. Jahrhunderts gehörte Bad Waldsee zu Österreich, dann kam es zum Königreich Württemberg und wurde Oberamtsstadt. Auf ihre österreichische Geschichte sind die Bad Waldseer heute noch stolz. Diese Epoche dauerte über 500 Jahre: von 1298, als der Flecken das Stadtrecht bekam, bis 1806. Dazwischen aber gab es eine harte Zeit: von 1386 bis 1680 war die Stadt unter der Pfandherrschaft der Truchsessen von Waldburg. Diese versuchten immer wieder, die Rechte der Waldseer zu beschneiden und soviel wie möglich aus der Pfandstadt herauszuholen. Zwei Bürgeraufstände wurden gewaltvoll niedergeschlagen, und erst 1680 konnte sich die Stadt loskaufen und kam erneut an Österreich.

Heute ist Bad Waldsee dem Kreis Ravensburg zugeteilt. Die ersten Moorbäder wurden in den fünfziger Jahren aufgemacht, und seitdem führt die Stadt das „Bad“ im Namen. Seit 20 Jahren schließlich ist sie - mit rund 18 500 Einwohnern - anerkannter Kneippkurort.

Ölmühle und Fasnetmuseum

Nahe am Schloßsee steht ein besonderes Gebäude: die Waldseer Ölmühle. Heute ist sie ein Museum. Ernst Fuchs, der letzte Öl-Müller, bietet hier Führungen an. Mit 15 Jahren hat er angefangen, an diesem Ort zu arbeiten. Sein Vater, so erzählt er uns, habe die Mühle nur gekauft, weil seine Liebste keinen Bäcker wollte. Ein „Bäck“ mußte nachts um eins aufstehen, ein Müller konnte einige Stunden länger schlafen. Das Ölmahlen war allerdings Knochenarbeit.

Waldseetherme

Plötzlich hören wir lustige Musik. Nanu, es ist doch noch keine Fasnachtszeit? Die Musik kommt aus einem über 100 Jahre alten Jugendstil-Orchestrion, das 1961 drei Waldseer Zunftleute für 290 Mark und eine Flasche Schnaps erworben haben. Es steht im Bad Waldseer Fasnetmuseum, das über der Ölmühle eingerichtet wurde.

Nachtleben und Kuren

Die Nacht ist manchmal zum Schlafen viel zu schade. Vor allem, wenn man wie wir das Glück hat, von zehn original Waldseer Nachtschwärmern, dem Panikorchester, ins Waldseer Nachtleben eingeführt zu werden. Im wahrsten Sinne mit Pauken und Trompeten ziehen wir ein in die „Wirtschaft zur Flasche", den „Gasthof zum grünen Baum" und den Kebab-Salon „Artischocke". Und finden Keller mit Live-Musik und jede Menge gute Stimmung.

Und ob mit oder ohne Kater: Im Thermalbad des jüngsten oberschwäbischen Kurortes, in Saulgau, wird man sanft belebt. In einer guten Viertelstunde ist man mit der Bahn von Bad Waldsee hierhergefahren. Wegen des besonders frischen Thermalwassers - 1,5 Millionen Liter fließen ständig, Tag und Nacht, in die Becken - nennt man das Saulgauer Thermalbad auch das Bad in der Quelle. Die Wasserqualität ist hier überdurchschnittlich gut, das Wasser besonders heilsam. Das Bad ist jeden Tag von 8 bis 21 Uhr geöffnet.

Wandertip:
Abenteuer Brunnenholzried

Was sicher niemand vermuten würde: Man kann Abenteuer pur direkt bei der

Fasnet in Bad Waldsee

Stadt erleben. Im Brunnenholzried steht nämlich der Bad Waldseer Urwald. Das Bergkiefern-Hochmoor wurde 1924 zum Bannwald erklärt. Das heißt, hier durfte kein Torf abgebaut werden, und die Natur wurde völlig sich selbst überlassen. Große Teile des Waldes sind unzugänglich, Entdeckungstouren auf eigene Faust nicht ungefährlich. Josef Grünvogel, der unsere Wanderung führt, erklärt warum. Schon ein paar Schritte vom Weg ab kann man im morastigen Boden des Hochmoors versinken.

Doch wir genießen die gänzlich unberührte Natur, die uns das Gefühl gibt, in einer anderen Welt zu sein. Um 1900 schrieb ein Waldseer Botaniker: „Das sind Urwaldbilder von einer Wildheit und Vollkommenheit, die jeden überraschen müssen." Heute - fast 100 Jahre später - ist die Überraschung für einen Stadtmenschen noch größer. Das Brunnenholzried ist eine Oase der Stille, deren Besuch sich lohnt.

Wer nach ausgiebigen Wanderungen im Urwald oder anderswo in eine urige Wirtschaft einkehren will, der hat in Bad Waldsee die Qual der Wahl. Wir wählen nach unserem Hochmoor-Erlebnis, was wir schon kennen: den Hof „Zur Mostbäuerin“ der Familie Waggershauser. Denn kaum ist die Wirtschaft mittags um eins geöffnet, ist hier schon Hochstimmung. Bis abends um acht geht die Post ab, wird geschunkelt und getanzt. Dann schließt die „Mostbäuerin“ wegen der Landwirtschaft.

Wer Bier oder Wein trinken will, muß das Lokal wechseln. Hier trinkt man Most und Schnaps - alles Marke Eigenbau, es gibt nur Selbsterzeugtes. Auch die Live-Musik kommt aus der Familie: Florian und Jörg Waggershauser spielen Wunschtitel. So mancher Gast will die beiden begleiten: Waschbrett und Trommelstöcke gibt es an der Theke. Übrigens: Alles, was man bei der Mostbäuerin essen und trinken kann, kann man bei ihr auch kaufen, ein Grund für viele, hier am Urlaubsende noch einmal Station zu machen.

Geheimtip: Die Bücherei im alten Theater

Ein Tip für ruhige Lesestunden, ob für Kurgäste, Touristen oder Waldseer, ist die Bücherei im alten Theater mitten in der Stadt. Mit einem großen Sortiment von Tageszeitungen und Illustrierten kann man sich hier nach dem Frühstück zurückziehen und lesen. Die Bücherei gibt es seit 1986, nachdem das Gebäude des ehemaligen Theaters sehr stilvoll renoviert worden war. Über 15.000 Bücher, Tonträger und Spiele kann man kostenlos benutzen. Auch Autorenlesungen, Puppentheater und Kinderkino finden hier statt. Für Kinder ist das „Büchernest“ im obersten Stockwerk eine spannende Adresse bei schlechtem Wetter. Die Größeren können hier gut auch mal alleine gelassen werden.

Wasserschloß-Konzert

Zum Abschluß unserer Dreharbeiten werfen wir doch noch einen Blick in ein Gemäuer, das eigentlich nicht zu besichtigen ist: das 1745 erbaute Wasserschloß der Fürsten von Waldburg-Wolfegg. Das Schloß wird noch von der Familie bewohnt und ist nur bei Konzerten, die regelmäßig veranstaltet werden, dem Publikum zugänglich.

Bad Waldsee ist hierbei keine Ausnahme. Auch in Wolfegg und Zeil werden die Schlösser von den Adelsfamilien bewohnt, die vom Mittelalter an die Herren des Landes waren. In manchen Gemeinden sind sogar heute noch Entscheidungen des Gemeinderats gegen die Meinung des Fürsten kaum möglich. Hier in Oberschwaben zählt es eben noch was, blaues Blut in seinen Adern zu haben.

Bläulich erscheint auch das Licht, in dem das herrschaftliche Schloß angestrahlt wird, als wir uns zum Konzert einfinden. Ein Schwan zieht auf dem Schloßsee seine Kreise und verschwindet in der Dunkelheit. Und mit den klassischen Klängen von Geige und Quer-

Stiftskirche im Abendlicht

flöte beschließen wir unseren Abend hier in Bad Waldsee diesmal ganz beschaulich. Ob Kultur oder Natur, Therme, Museum oder Bauernwirtschaft: Wir finden, ein Besuch des Städtchens lohnt sich, auch im Winter.

Dieser Beitrag beruht auf dem Film von Ingrun Finke.

Brennte Supp'

50 g Schweine- oder Butterschmalz in einem Topf schmelzen und mit 70 g Vollkornmehl (vorzugsweise Dinkel) bei mittlerer Hitze braun rösten. Danach die Mehlschwitze beiseite stellen. Kurz abkühlen lassen. Dann mit 0,2 l Apfelmost und 0,8 l fertig gewürzter Fleisch- oder Gemüsebrühe (vorher erhitzt) aufgießen und aufkochen lassen. Die Suppe mit Salz, Pfeffer, Muskat, Koriander abschmecken. Danach mit Röstbrotscheiben (feines geröstetes Weißbrot) und saurer Sahne servieren.

Angaben für 4 Personen

Rezept aus dem Hotel Gasthof „Grüner Baum“, Bad Waldsee

So kommt man hin

Mit der Bahn: Bad Waldsee ist Bahnstation an der Strecke Ulm–Lindau.

Mit dem Auto: Bad Waldsee liegt an der B 30 Ulm–Friedrichshafen.

Touristische Informationen

Städtische Kurverwaltung
Ravensburger Str. 1
88339 Bad Waldsee
Tel.: 07524/9413-42 oder 9413-41,
Fax: 07524/9413-45

Von Zwiebeltürmen und Donauwellen
Eine Reise um den Bussen in Oberschwaben

Der Bussen ist Oberschwabens „Heiliger Berg“. Noch bis in die jüngere Vergangenheit sollen Frauen hierher gepilgert sein, um Kinderreichtum für sich zu erbitten. Die Gegend bezieht ihren besonderen Reiz aus den zwei völlig unterschiedlichen Landschaftsformen, die hier aufeinandertreffen. Auf der einen Seite ist das die karge felsige Alb, auf der nichts wächst als dünnes Heidegras und etwas Humus. Den Kontrast bildet das reiche Oberschwaben, das früher einmal die „Kornkammer“ des Landes war. Diese beiden Extreme bringen Spannung in die Landschaft. Zwischen ihnen läuft trennend und verbindend die Donau. Im Dreieck Reutlingen, Ulm und Biberach, dort, wo die Kirchtürme zwiebelig und die Menschen kreuzkatholisch sind, folgen wir ihrem Lauf zu einer aufregenden Reise rund um den Bussen.

Der Munderkinger Viehmarkt

Wir beginnen in dem kleinen Städtchen Munderkingen an der Donau, und das zu einer herrgottsfrühen Tageszeit. Denn auf dem Viehmarkt in Munderkingen, dem größten der Region, kann - je nach Jahreszeit und Wetter - um acht Uhr morgens schon alles gelaufen sein. Wir beobachten die Viehhändler mit ihren Ritualen, urige Typen mit derben Sprüchen, die ihr Hab und Gut feilhalten. Dem geschenkten Gaul schaut man nicht ins Maul, einem Stück Vieh, das verkauft werden soll, aber sehr wohl: Es ist Vorschrift und Sache des Veterinärs. Der Kaufabschluß schließlich erfolgt per Handschlag.

Bussen

Doppeladler und Fasnachtsbrauch

Das 5.000 Seelen zählende Städtchen Munderkingen liegt in einer Schleife der Donau. In der malerischen Altstadt stoßen wir recht häufig auf den Doppeladler im Stadtwappen, zum Beispiel am 1570 erbauten Stadtbrunnen in der Marktstraße. 1285 ging Munderkingen nämlich an die Habsburger über und gehörte mehr als 500 Jahre lang zu den fünf vorderösterreichischen Donaustädten.

Weil aber die Habsburger kein Geld hatten, verpfändeten sie Munderkingen von 1384 bis 1680 an die Truchsessen von Waldburg. 1442 erhielt die Stadt die Blutgerichtsbarkeit, das „Privileg" also, über Leib und Leben zu richten. Davon zeugt heute noch der Pranger am Rathaus.

Im Mittelalter ist vermutlich auch das Fasnachtsbrauchtum der Munderkinger verwurzelt. Bei unserem Besuch werden wir Zeuge eines heiteren Spektakels, das alljährlich Tausende von Besuchern in die Stadt zieht. Zwei unverheiratete Burschen stellen mit einem Sprung ins fünf bis sieben Grad kalte Brunnenwasser ihr kühnes Herz unter Beweis. Zum Lohn dürfen die klitschnassen Jungs hinterher nach Herzenslust die Mädchen küssen, und so mancher Bund fürs Leben soll daraus schon hervorgegangen sein.

Lange bevor die Narren ihr Unwesen trieben, waren die Römer in Munderkingen. Im Stadt- und Heimatmuseum bewundern wir zwei perfekt erhaltene, wunderschön gearbeitete Merkur-Figürchen, die ein Munderkinger in seinem Garten entdeckt hat.

Stadtbrunnen in Munderkingen

Ein Schmuckstück: Die Frauenbergkapelle

Etwas außerhalb der Stadt lohnt sich ein Besuch der Frauenbergkapelle allein schon wegen ihrer schönen harmonischen Proportionen. Das Prachtstück der Wallfahrtskirche ist der barocke Hochaltar mit dem Gnadenbild, einer gotischen Marienfigur. Doch uns interessiert noch ein anderes, kurios anmutendes Bild, das von einer alten Legende berichtet.

Winfried Nuber, Stadthistoriker aus Munderkingen, erzählt uns diese Geschichte. Einst, anno 1498, habe die Ehefrau eines Messners vom Brunnenwasser getrunken und dabei Schlangenlaich in sich aufgenommen. Ihr Laib schwoll an, und in ihrer Not rief sie die Mutter Gottes an, die sie von 62 Schlangen befreite. Daraufhin säuberte

Frauenbergkirche

man den Brunnen und entdeckte in seiner Tiefe eine alte Schlange.

Die Schlange wird hier unter dem Torbogen in voller Länge und Größe dargestellt. Sie sollte einst eine Warnung vor der heidnischen Sitte sein, Quellgottheiten zu verehren, gegen die die christliche Kirche lange Zeit zu kämpfen hatte.

Das Untermarchtaler Kalkofenmuseum

Die Schwäbische Alb ist reich an Kalkgestein. Schon immer wurde hier Kalk abgebaut und gebrannt. Solch gebrannter Kalk diente schon den Römern als Bindemittel für den Mörtel ihrer Bauwerke. Später gebrauchte man ihn als Anstrich und Verputz oder als Desinfektionsmittel und Dünger für die Felder. Im Kalkofenmuseum in Untermarchtal kann man alles über die alten Techniken der Weiß- und Schwarzkalkgewinnung erfahren.

Wir folgen daher dem Lauf der Donau in das Städtchen, wo uns Mitglieder des Schwäbischen Heimatbundes zeigen, wie die Kalkherstellung früher funktionierte. Mühselig schlagen die Männer Löcher in den Stein, füllen ihn mit Pulver und sprengen ihn. Dann werden die Kalkbrocken in einen 15 Meter hohen Kamin gefüllt und von unten angezündet. Für uns geschieht das zu Anschauungszwecken im einzigen Kalkofen, der in dieser Gegend die Zeiten überdauert hat. Bis 1939 war er in Betrieb, dann wurde er restauriert und als Museum eingerichtet.

Obermarchtal und seine Klosteranlage

Auch die ehemalige Prämonstratenserabtei St. Peter und Paul im benachbarten Obermarchtal benötigte beim Bau große Mengen Kalk. Die barocke Klosteranlage darf sich rühmen, die einzige architektonisch in sich geschlossene, vollendete und komplett erhaltene Anlage Oberschwabens zu sein. Heute beherbergt sie eine katholische Akademie für Lehrerfortbildung.

Doch bevor wir einen Blick hineinwerfen, machen wir einen kleinen Abstecher in die ehemalige Meierei außerhalb der Klostermauern. Hier hat sich die Webkünstlerin Anne Merkelbach ein Atelier eingerichtet. Ihre großen, schönen Webbilder kann man in der angrenzenden Scheune bewundern.

Wenig später stehen wir im reich bemalten Refektorium des Obermarchtaler Klosters. Hier war früher der Speisesaal der Mönche. Über und über mit Fresken geschmückt, thematisiert er Speise und Trank und das gemeinsame Mahl als Gemeinschaft zwischen Gott und Mensch.

Die Schönheit des Klosters will gepflegt sein. Darum ist hier schon seit Jahren der Restaurator Thomas Reiner mit seinen Mitarbeitern beschäftigt. 1995 wurden die Restaurierungsarbeiten in der Kirche beendet. Nun ist die komplett mit Eichenholz ausgekleidete Sakristei an der Reihe. Thomas Reiner erzählt uns, daß er zum Pflegen des Holzes eine schon früher verwendete Mischung aus Walnuß- und Lavendelöl benutzt. Abgebrochene oder verlorengegangene Teile muß er millimetergenau von Hand nacharbeiten und einpassen.

Die Liebe zum Detail, mit der früher hier gestaltet wurde, ist faszinierend. In den schweren Türen der Sakristeischränke entdecken wir Dutzende von Gesichtern und Fratzen, ein jedes anders und ganz eigen. Hinter den Türen zeigt uns Thomas Reiner einen verborgenen Schatz: uralte Meßgewänder, die weder berührt, noch dem Tageslicht ausgesetzt werden dürfen.

Kunst und Alltagskultur im Schloß Mochental

Und weiter geht unsere Fahrt an der Donau entlang zum Barockschloß Mochental. Einst war es die Sommerresidenz der Äbte von Zwiefalten, heute beherbergt es die Galerie Schrade. Obwohl sie fernab von jeglichem Großstadttrubel liegt, hat sie sich bei Künstlern und Kunstinteressierten fest etabliert. Der Reiz der Galerie liegt nicht zuletzt in ihrem besonderen Ambiente, im Kontrast zwischen barocker Architektur und moderner Kunst. Hier werden Werke von Dali, Picasso und Bra-

Obermarchtaler Kloster

que ebenso ausgestellt wie von bekannten Künstlern der aktuellen Kunstszene. Auch junge Unbekannte erhalten eine Chance und werden mit Stipendien unterstützt.

Obwohl es heute ja für so gut wie alles ein Museum gibt, versetzt uns bei unserem Rundgang durch Schloß Mochental doch noch etwas in Staunen. Es ist das Besenmuseum der Schrades. Hier werden Besen aus der ganzen Welt ausgestellt. Besen mit unterschiedlichen Borsten, verschiedenen Holzgriffen, kleine und große Besen, gebogene und sogar igelförmige.

Mit dem Boot ins Erdinnere: Die Friedrichshöhle

Von Schloß Mochental führt unser Weg nach Zwiefalten, das in einem Seitental der Donau liegt. Ganz in der Nähe sollte man sich auf keinen Fall die Friedrichshöhle entgehen lassen, auch Wimsener Höhle genannt. Sie ist die einzige von Wasser durchflossene Schauhöhle der Alb.

Wir schließen uns einer Führung an und fahren mit dem Boot ins Innere. 70 Meter ist die Höhle lang, ihre Lufttemperatur beträgt konstant 12 ° bis 14 °C. Kristallklares Karstwasser durchfließt den Fels und verändert ihn langsam und unmerklich. Die Höhle ist heute noch immer in ihrer Entstehungsphase, eine faszinierende, unterirdische Welt.

Barockes Kunstwerk: Das Zwiefaltener Münster

Die eigentliche Attraktion von Zwiefalten ist das Barockmünster. Doch bevor wir das imposante Bauwerk betreten, statten wir dem kleinen Laden im Torbogen einen Besuch ab. Im Peterstorlädle werden Werkstücke verkauft, die von Patienten des Zwiefaltener Zentrums für Psychiatrie gefertigt wurden. Keramikschalen, Holzgegenstände, Seidenkissen, Kinderspielzeug: Hier kann man ganz individuelle Mitbringsel erwerben, denn in jedem Stück, das man hier kaufen kann, steckt eine persönliche Geschichte. Uns gefällt ein aus lauter weißen Kugeln gefertigter Blumenübertopf besonders gut, wir nehmen ihn als Andenken mit nach Hause.

Das Zentrum für Psychiatrie ist schon seit 1812 im ehemaligen Benediktinerkloster untergebracht. Dort kann man in der Casino-Galerie wechselnde Ausstellungen besichtigen. Unser Weg führt jetzt aber zum Zwiefaltener Münster,

Gottesdienst im Münster

das als eines der bedeutendsten Kunstwerke des süddeutschen Barocks gilt. Es wurde zwischen 1744 und 1765 vom Münchner Baumeister Johann Michael Fischer erbaut und mit einer prachtvollen Innenausstattung versehen. Die Stuckarbeiten stammen von Johann Michael Feichtmayr, die Deckenfresken von Franz Josef Spiegler. Was manche vielleicht maßlos überladen finden, ist für uns überwältigend.

Einkehrtip:
Das Rössle und sein „Höhlenbier"

Wir gönnen uns eine kleine Drehpause und kehren in den Gasthof Rössle in Zwiefaltendorf ein. Dazu gehört die Hausbrauerei Blank, in der das Bier wöchentlich frisch gebraut wird. Bevor wir es uns in der Gaststube gemütlich machen, lassen wir uns von Thomas Blank in den Keller führen, in dem das Bier heute wie früher gelagert wird. Mehrere Stockwerke tief geht es in die Erde hinunter. Hier gibt's eine kleine private Tropfsteinhöhle zu besichtigen, die man bei Erweiterungsarbeiten Ende des letzten Jahrhunderts entdeckt hat.

Im gemütlichen Gastzimmer sorgen die Eltern Blank für eine herzliche Atmosphäre. Das Essen schmeckt wie „bei Muttern" im besten Sinn, Frau Blank steht nämlich noch selber hinterm Herd. Ihre Spezialitäten: Schwäbischer Zwiebelrostbraten und fangfrische Forellen im Kräutermantel.

Altstadt unter Denkmalschutz:
Riedlingen

Von Zwiefaltendorf ist es nur noch ein Katzensprung nach Riedlingen, das mit seinem Donauwehr und seinem mittelalterlichen Stadtbild ein malerisches

Riedlinger Donauwehr

Städtchen an der Donau ist. Wie Munderkingen gehörte es einst zu Vorderösterreich, darum finden wir auch hier den Doppeladler am Stadttor. Die komplette Altstadt steht als Gesamtensemble unter Denkmalschutz. Eines der schönsten Fachwerkhäuser ist die „Alte Kaserne", das ehemalige Stallgebäude des Württembergischen Militärs.

Wir besuchen das Riedlinger Heimatmuseum, das im „Alten Spital" am Stadtrand untergebracht ist. Es beherbergt neben einigen Kuriositäten eine der umfangreichsten Hinterglasbildersammlungen des Landes. Was zum Teil erstaunlich modern anmutet, stammt tatsächlich aus dem 18. und 19. Jahrhundert. Eine weitere Besonderheit: das barocke Totenbett, auf dem auch der Ärmste in Würde aufgebahrt wurde.

Hier in Riedlingen sind wir dem Bussen ganz nah, der mit seinen 767 Metern Wallfahrtsort und Ausflugsziel zugleich ist. Von den Ruinen zweier Burgen hat man einen herrlichen Blick über ganz Oberschwaben. Sehenswert ist auch die Wallfahrtskirche der Schmerzhaften Muttergottes, die 1516 errichtet und im 18. Jahrhundert umgestaltet wurde.

Natur am Federsee und Gotik in Oberstadion

Wir verlassen das Tal der Donau und machen uns auf den Weg zum größten Naturschutzgebiet Baden-Württembergs, der Landschaft um den Federsee bei Bad Buchau. Der eiszeitliche Schmelzwassersee ist heute Europäisches Vogelreservat. Die einzigartige Moor- und Seenlandschaft kann auf ausgesuchten Wanderwegen oder über den 1,5 km langen Federseesteg erkundet werden.

Von Bad Buchau fahren wir weiter nach Oberstadion, benannt nach den Grafen von Stadion. Als Kontrast zum allgegenwärtigen Barock, tut uns ein Besuch in der gotischen Kirche St. Martinus gut. Mit ihren vielen Altären ist sie ein kunstgeschichtliches Juwel. Vor allem den Hochaltar mit seinen beiden drehbaren Flügeln finden wir einzigartig.

Während wir unsere Reise in Oberstadion beschließen, gedenken wir der Worte des schwäbischen Dichters Thaddäus Troll: *„… und hinter jedem der vielen Kurven und Bückele eine neue, andere, liebliche Landschaft, wie man sie in dieser Vielfalt anderswo kaum findet."* Für die Gegend rund um den Bussen hatte er damit durchaus recht.

Dieser Beitrag beruht auf dem Film von Sabine Klingler.

Federseesteg

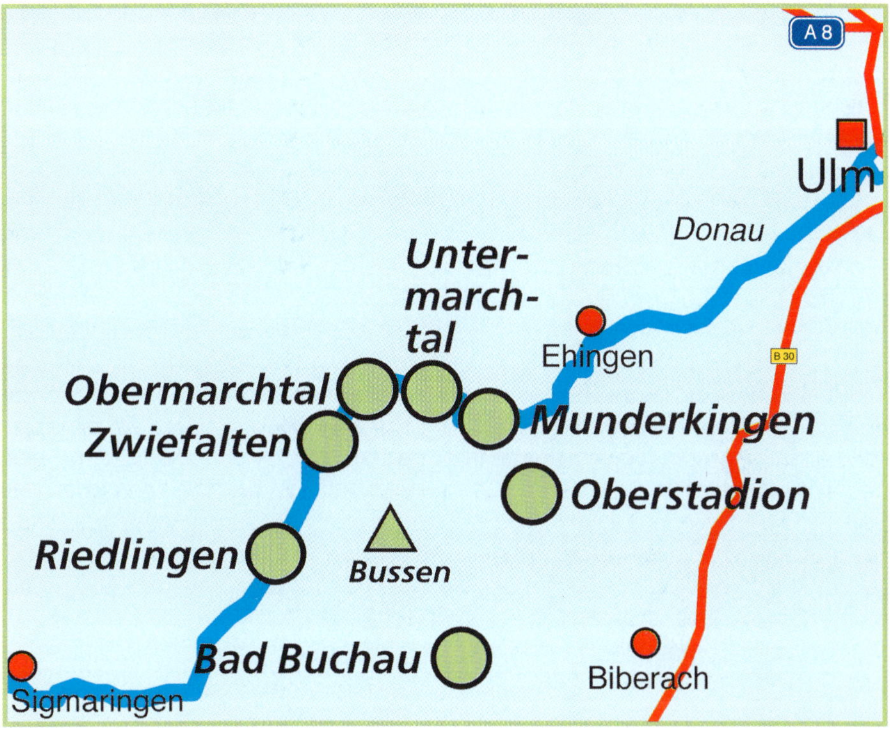

So kommt man hin
Mit der Bahn: Munderkingen und Riedlingen sind Bahnstationen an der Strecke Ulm–Sigmaringen.
Mit dem Auto: Der Bussen ist über die B 311 Ulm–Tuttlingen und B 312 Stuttgart–Biberach a. d. Riß erreichbar. Riedlingen liegt im Kreuz beider Bundesstraßen, Munderkingen, Ober- und Untermarchtal und Zwiefalten führen von der B 311 ab.

Touristische Informationen
Bürgermeisteramt Munderkingen,
Marktstr. 1, 89597 Munderkingen
Tel.: 07393/598-100
Fax: 07393/598-130

Verkehrsamt Zwiefalten
Marktplatz 3,
88529 Zwiefalten
Tel.: 07373/205-20
Fax: 07373/205-55

Stadtverwaltung Riedlingen
Marktplatz 1
88499 Riedlingen
Tel.: 07371/183-0, Fax: 18355

Städtisches Kur- und
Verkehrsamt Bad Buchau
Am Marktplatz 6
88422 Bad Buchau
Tel.: 07582/808-12 oder 808-10
Fax: 07582/933620

Des Herrgotts Kegelspiel
Der Hegau rund um Singen

Unvermittelt ragen sie steil in die Landschaft, die Vulkanberge rund um Singen. Ihre eigentümliche Form hat dieser Region ihren Spitznamen gegeben: des Herrgotts Kegelspiel. Der Hegau - so der historische Name dieses Landstrichs - erstreckt sich nordwestlich des Bodensees. Vielen ist er nur von der Durchreise Richtung „Schwäbisches Meer“ her bekannt.

Wir „stöbern“ in dieser ungewöhnlichen Landschaft abseits vom touristischen Rummel nach Sehenswertem.

Und unsere Entdeckungen sind erstaunlich: Wir finden die größte Festungsanlage Deutschlands, den am höchsten gelegenen Weinberg, jede Menge sagenumwobene Burgen und Museen „zum Anfassen“.

Der Hegau ist eine Landschaft aus Feuer und Eis: Vor mehreren Millionen Jahren meißelte die Eiszeit harte Basaltpfropfen aus dem weichen Tuffgestein heraus, Reste von lange erloschenen Vulkanen. Und wieder Jahrtausende später eroberten die Menschen diese natürlichen Aussichtspunkte und bauten ihre Burgen darauf. Über sechzig soll es einst im Hegau gegeben haben.

Größte Burgruine Deutschlands: Festung Hohentwiel

Natürlich wollen wir gleich die imposanteste dieser Anlagen sehen. Sie steht auf dem Hohentwiel bei Singen und ist mit ihren 9,9 Hektar die größte Burgruine Deutschlands. Erbaut im 10. Jahrhundert, residierten hier zunächst die Schwabenherzöge. 1538 kaufte Herzog Ulrich von Württemberg die Burg und ließ sie zu einem uneinnehmbaren Festungsbollwerk ausbauen.

Stein für Stein mußte das Material nicht nur während der Bauphase herangeschleppt werden, sondern später auch für Ausbesserungen und Erweiterungen. Doch man wußte sich zu helfen, damals entstand der Brauch des Steinetragens: Jeder, der in die Festung wollte, wes Stands und Hoheit er auch war, mußte wenigstens 40 Pfund Steine mitbringen. Als Belohnung erhielt er einen Willkommenstrunk aus einem großen Goldbecher. Der schwerste Stein, der so hinaufgeschleppt wurde, betrug 105 Kilogramm.

All dies erfahren wir im Informationszentrum, das 1994 am Fuße der Ruine eingerichtet wurde. Auch ein detailgetreues Modell der Festungsanlage kann man hier sehen. Der Hohentwiel war fast eine kleine Stadt für sich, mit Fürstenschloß, Kasernen, Paradeplatz, Zeughaus, Mühlen und Werkstätten für Handwerker. Sogar eine Bäckerei gab

Festungsanlage Hohentwiel

St. Peter und Paul in Hilzingen

es. Die Stärke der Besatzung schwankte natürlich, je nach Kriegs- oder Friedenszeiten. Doch zeitweilig wohnten hier über 600 Menschen, neben den Soldaten auch Familien mit Kindern.

Im Dreißigjährigen Krieg überstand der Hohentwiel - im Gegensatz zu den meisten anderen Burgen der Umgebung - fünf schwere Belagerungen. Dem Kommandanten der Festung, Konrad Widerholt, hat man dafür hier ein Denkmal errichtet. Zerstört wurde das Bollwerk 1800 von den Franzosen. Sie übernahmen den Hohentwiel zwar kampflos von ihren Gegnern, hielten es aber für ratsam, die Militäranlage zu schleifen: 100 Minenleger waren sechs Monate lang damit beschäftigt, der Nachwelt eine imposante Ruine zu hinterlassen.

Übrigens: Der Hohentwiel ist auch der Schauplatz eines Bestsellers. Joseph Viktor von Scheffel - so etwas wie der Konsalik des 19. Jahrhunderts - ließ hier seinen Roman „Ekkehard“ spielen, eine mittelalterliche Geschichte um den Mönch Ekkehard aus St. Gallen, der eine Affäre mit der Herzogin Hadwig gehabt haben soll.

Kleinode am Hohentwiel

Hier am Hohentwiel findet man auch die höchstgelegenen Weinhänge Deutschlands. Einen Teil von ihnen bewirtschaftet das Weingut Vollmayer, ein kleiner Familienbetrieb, der nicht nur Wein anbaut, sondern ihn auch selbst keltert. Im Steilhang am Elisabethenberg treffen wir Georg Vollmayer. Er erzählt uns, wie sein Großvater, der als Funker im Ersten Weltkrieg auf den Hohentwiel kam, nach dem Krieg hier die ersten Reben gepflanzt hat. Georg Vollmayer ist Winzer mit Leib und Seele.

Wenn man vom Weingut Vollmayer auf den Turm der Dorfkirche blickt, ahnt man kaum, welch Kleinod hier versteckt liegt. Die Pfarrkirche wurde von Peter Thumb entworfen und in den Jahren 1747 bis 1749 erbaut. In ihrem Inneren empfängt uns prächtiges Barock. St. Peter und Paul in Hilzingen gilt als eine der schönsten Dorfkirchen des Hegaus. Man sollte sie sich auf keinen Fall entgehen lassen.

„Sagenhafte" Landschaft

Über ein Dutzend Vulkanberge prägen das Landschaftsbild rund um Singen. Die Kuppen, die ein bißchen wie Mondgebirge aussehen, bergen eine Welt voller Sagen und Legenden. Bei so vielen Ruinen und verlassenen Burgen, die seit Jahrhunderten im Dornröschenschlaf liegen, ist das kein Wunder.

Die steilste und malerischste Burgruine des Hegaus steht auf dem Hohenkrähen. Hier herrschten die Fridinger, einst ein angesehenes Geschlecht, die wie viele Adelige ihrer Zeit Schwierigkeiten hatten, ordentlich zu wirtschaften. Im 14. Jahrhundert wurden die Fri-

Hohenkrähen

dinger Raubritter und bezogen ihre Einnahmen aus dem Kidnappen von Kaufleuten. Die saßen dann auf dem Hohenkrähen in einem finsteren Loch, bis das geforderte Lösegeld eintraf.

Im ganzen Hegau kennt man Poppolius Mayer, einst Burgvogt auf dem Hohenkrähen, vom Volksmund liebevoll das „Poppele" getauft. Poppele ist die Sagengestalt des Hegaus und taucht als Burggeist in unzähligen Dorfgeschichten auf, die bis heute von seinen Streichen und Bösartigkeiten erzählen.

Kulturtip: Das Fasnachtsmuseum im Schloß Langenstein

Über den historischen Poppolius weiß man so gut wie nichts, doch lebendig geblieben ist er als Fasnachtsfigur, als die er alljährlich in Singen aufersteht. Im Fasnachtsmuseum im Schloß Langenstein bei Eigeltingen kann man auf über tausend Quadratmetern alles erfahren, was mit der alemannischen Fasnacht zusammenhängt. Farbenprächtig und informativ bringt das Museum dem Besucher die Welt der fünften Jahreszeit näher.

Wir lassen uns von Dr. Franz Goetz fachkundig durch das Museum führen und bewundern vor allem die „Hänsele" mit ihren Gewändern aus lauter übereinandergenähten Stoffstücken. Auch die mittelalterlichen Narren haben es uns angetan. In ihren Händen tragen sie ihr eigenes Gesicht, den Narrenkolben oder „die Marotte", als Zeichen ihrer Selbstverliebtheit. Der Narr war im Mittelalter ein Außenseiter der Gesellschaft und ist dann über das Hofnarrentum in die Fasnacht gekommen.

Eine Kutschfahrt, die ist lustig

Angereist sind wir in das Schloß Langenstein übrigens ganz originell, nämlich mit der Postkutsche. Eine solche kann man sich inklusive Kutscher in Eigeltingen mieten. Im Hotel-Restaurant „Lochmühle" stehen über 40 historische Kutschen für Fahrten zur Verfügung. Die „Lochmühle" war ursprünglich ein Bauernhof, was auch heute nicht zu übersehen ist: Freilaufendes Federvieh gehört zum Programm.

Im Restaurant steht noch ein alter Ofen, der mit Holz gefeuert wird. Darin gelingen die „Dünnele" am besten, die wir uns hier schmecken lassen (Rezept siehe S. 57). Die Spezialität gibt es in ähnlichen Variationen auch in anderen Gegenden. Die Besonderheit im Hegau ist, daß sie nebeneinander mit Zwiebeln, Lauch, Speck, geriebenem Käse und Äpfeln belegt werden.

Auf dem „Geschichtspfad" durch Singen

Unser Weg führt nach Singen und geradewegs ins Kunstmuseum. Das Museum zeigt vorwiegend Werke des 20. Jahrhunderts, vor allem aber von zeitgenössischen Malern. Auch sie hat der Hegau beeindruckt. Und so sind die Kegelberge der Gegend das bestimmende Motiv auf den hier ausgestellten Landschaftsbildern der Künstler.

Ebenso modern wie ihr Kunstmuseum, ist die ganze Stadt Singen. Das kleine Bauerndorf, das sie noch vor 100 Jahren war, ist nur noch in Resten zu erahnen. Singen verdankt seine Entwicklung der verkehrsgünstigen Lage. Als eine der ersten Städte der Region mit Eisenbahnanschluß, wurde sie Ende

Hegaumuseum

des 19. Jahrhunderts zum wichtigsten Knotenpunkt der Nord-Süd- und Ost-West-Verbindung im Bodenseeraum. Mit der Industrialisierung setzte ein explosionsartiger Bevölkerungszuwachs ein, der höchste in ganz Württemberg. Industriebetriebe siedelten sich an - Julius Maggi, der Schweizer Erfinder der Suppenwürze, ließ sich hier ebenso nieder, wie der Erfinder der Alufolie -, und Singen wurde zur Arbeiterstadt.

Deshalb sucht man hier vergeblich nach Vierteln mit schönen alten Fachwerkhäusern oder einer Marktplatzidylle: Der Mittelpunkt der Stadt besteht aus einer Fußgängerzone - quadratisch und praktisch. Doch Singen hat aus der Not eine Tugend gemacht und sich auf seine Industriegeschichte besonnen, die man auf einem interessanten, durch die ganze Innenstadt führenden Geschichtspfad kennenlernen kann. Auch zum Leben bietet Singen Vorzüge: Es ist eine Stadt der „Zugezogenen", ohne „verhockte" Bürgerlichkeit, und mit einer hohen Lebensqualität.

Besonders kinderfreundlich: Das Hegaumuseum

Daß man sich in Singen gerne niederläßt, hat gewissermaßen eine jahrtausendealte Tradition. Im Hegaumuseum erfahren wir, daß die Stadt trotz ihrer Jugend auf ein langes „Vorleben" zurückblickt. Hier gab es schon in frühen Tagen eine Siedlung. Der Umfang der Ausstellungsstücke spiegelt die reichen Fundorte in dieser Gegend wider.

In der vor- und frühgeschichtlichen Ausstellung gibt es Steinzeit zum Anfassen. Hier läßt sich nachvollziehen, wie der Alltag unserer Vorfahren vor 15.000 Jahren ausgesehen hat. Wie haben die Steinzeitmenschen ihr Korn gemahlen und ihre Werkzeuge gefertigt? Wir beobachten eine Kinderschar, die unter der Anleitung einer Museumspädagogin das Korn mit großen Steinen malen und Steinwerkzeuge herstellen darf. Oder wie wäre es mit einer Kostprobe von „steinzeitlichem“ Kaugummi - ein Klumpen aus Kiefernharz und Honig? Jedes Kind bekommt ein kleines Stück. Die jungen Besucher sind begeistert. Das Hegau-Museum darf sich aufgrund solcher Aktivitäten mit dem Prädikat „besonders kinderfreundlich“ schmücken.

Anschaulich und lebendig: Das Städtische Museum in Engen

Die steinzeitlichen Funde, die man in der Gnirshöhle im Brudertal bei Engen und in der Höhle am Petersfels gemacht hat, sind im Städtischen Museum in Engen zu sehen. Ein detailgetreues Modell zeigt das Leben im Jagdlager unserer Vorfahren. Das kleine Museum ist ein Musterbeispiel für eine anschauliche und lebendige Ausstellung.

Vorbildlich restauriert: Engens Altstadt

Hier in Engen endet unsere Reise in den Hegau - aber natürlich nicht, bevor wir der Stadt selbst noch einen Besuch abgestattet haben. Malerisch thront sie auf einem steilen Felsrücken, und vor allem die Altstadt ist überaus sehenswert. Für ihre vorbildliche Restaurierung hat Engen mehrere Preise erhalten. Hier wurde nicht einfach eine mittelalterliche Altstadt wiederhergestellt, sondern alte Architektur durch zeitgenössische Kunst ergänzt und kontrastiert.

Neben den romantischen Gäßchen und einladenden Plätzen fallen uns tausend Kleinigkeiten ins Auge: interessant verlegtes Steinpflaster, künstlerische Brunnenplastiken, originell ge-

Malerisches Engen

schmiedete Aushängeschilder- alt neben witzig-modern -, gemalte Fensterläden und Gesimse.

Wer die Augen offenhält, entdeckt eine Fülle von liebevoll gestalteten Einzelheiten. Engen ist eine Stadt der eigenwilligen Entdeckungen, man muß nur genau hinsehen - ein Rezept übrigens, das für den gesamten Hegau gilt.

Der Beitrag beruht auf dem Film von Elisabeth Milin.

So kommt man hin
Mit der Bahn: Singen und Engen sind Bahnstationen an der Strecke Offenburg–Konstanz.
Mit dem Auto: Von Stuttgart auf der A 81 nach Singen. Nach Engen fährt man vorher an der Autobahnausfahrt Engen ab und erreicht es über die B 31.

Touristische Informationen

Arbeitsgemeinschaft Hegau
Kultur- und Verkehrsamt Singen
August-Ruf-Str. 7, 78224 Singen
Tel.: 07731/85260 oder 85262
Fax: 07731/85243

Verkehrsamt Engen
Hauptstr. 11, 78234 Engen
Tel.: 07733/502-211
Fax: 07733/502-299

Wo der Rhein verbindet
Eine Reise durch den Klettgau

Der Klettgau zwischen Waldshut und Schaffhausen liegt abseits der bekannten Routen. Versteckt im südöstlichsten Zipfel Baden-Württembergs, angeschmiegt an den Rhein und die Schweizer Grenze, ist er beinahe ein vergessenes Land. Dabei ist man von hier schnell in Zürich und am Bodensee, und nach Schaffhausen, der Touristenmetropole, ist es nur ein Katzensprung. Vor 15 000 Jahren floß der Rhein noch mitten durch den Klettgau, heute begrenzt er das Gebiet von Süden her. Es entstand die Klettgaumulde. Der Fluß als deutsch-schweizerische Grenze trennt hier nicht, sondern verbindet. Er lädt zum Pendeln zwischen den beiden Ländern ein: zu Fuß, per Fahrrad und Schiff.

Storchenturm

Tiengen: Einst Hauptstadt des Klettgaus

Von Westen kommend, beginnen wir unsere Reise durch den Klettgau in Tiengen am Hochrhein. Wahrzeichen der Stadt ist der Storchenturm, der einzige noch erhaltene Stadtturm in Tiengen.

Wir besuchen das Schloß, in dem fast 200 Jahre lang die Grafen von Sulz residierten. Sie bauten die einst bescheidene Burg immer prächtiger aus, Tiengen wurde zur Hauptstadt des Klettgaus. Im Schloß ist das Klettgaumuseum zu besichtigen, ein Museum zur Geschichte der Stadt. Gleich nebenan steht die prunkvolle Barockkirche Maria Himmelfahrt von Peter Thumb, entstanden im 18. Jahrhundert. Erst vor wenigen Jahren entdeckte man unter ihrem Turm die Gruft der Sulzer Grafen, deren Särge jetzt im Museum konserviert werden.

Als wir durch die Tiengener Gassen schlendern, flattert uns über einem Torbogen eine rote Fahne mit dem Bundschuh-Motiv entgegen: Ein Bauer zieht in den Bauernkrieg. Diese gemalte Darstellung erinnert an den Aufstand, der hier seinerzeit begann, weil die Bauern mitten in der wichtigen Erntezeit von der Stühlinger Gräfin gezwungen wurden, Schneckenhäuser zu sammeln, auf die diese Garn wickeln wollte.

„Der Bauer ist an Ochsen statt, nur daß er keine Hörner hat“, diesen Spruch versuchten die Bauern mit ihrem Kampf zu widerlegen, allerdings ohne Erfolg. Ähnlich der Darstellung des Bauern-

Barockkirche Maria Himmelfahrt

krieges stehen in Tiengen auch andere wichtige Ereignisse der Stadtgeschichte groß bebildert an den Hauswänden, zum Beispiel die Eroberung und Zerstörung der Stadt durch die Schweizer.

Urig: Die Stadtmühle

Neben der Tiengener Kirche hören wir es rattern und rumpeln, und das tut es dort zehn Stunden am Tag. Hier steht die alte Stadtmühle, in der täglich fünf Tonnen Getreide durch die Siebe, Rohre und Walzen gejagt werden. Die Mühle ist rund 400 Jahre alt. Früher gehörte sie zum Schloß, seit mehr als 100 Jahren ist sie in Familienbesitz. Über mangelnde Aufträge kann sich Müller Eduard Hilpert nicht beklagen. Seine Kunden sind die Bäcker der Umgebung und viele Privatleute, denn der Trend zum Selberbacken hält an. In der Mühle wird nur heimisches Korn verarbeitet, so gibt es keine langen Transportwege, und der Müller kann dem zunehmenden Gesundheitsbewußtsein seiner Kunden gerecht werden. Uns gefällt in dieser urigen Mühle vor allem der handbetriebene Paternoster.

Ein „Gesundheitsprojekt“: Landwirtschaft auf dem Flachshof

Von Tiengen fahren wir weiter nach Osten zum Jestetter Zipfel: Wir suchen den Flachshof in Jestetten auf. Seit 1990 gehört er der Stoll Vita Stiftung, die sich für öffentliche Gesundheitspflege und wissenschaftliche Forschung einsetzt. Seit man hier auf künstliche Dünge- und Pflanzenschutzmittel verzichtet, haben sich auf dem ehemals toten Gelände wieder 300 Pflanzenarten eingefunden. Zum Programm des Flachshofs gehören Seminare, Vorträge und Lehrgänge über Kräuter, alternative Heilmethoden oder Vollwertkost.

Zusammen mit Landwirt Dietmar Berger fahren wir hinaus aufs Feld, und das auf althergebrachte Weise. Wie in vergangenen Zeiten werden hier noch Pferde vor den Pflug gespannt, um den Boden umweltgerechter und schonender zu bearbeiten. Das schließt den Einsatz neuentwickelter, wirtschaftlich arbeitender Maschinen nicht aus.

Die Produkte des Flachshofs finden ihre Abnehmer in der Kantine der Firma Sedus Stoll, die in Waldshut Büromöbel herstellt. Schon seit 1966 wird hier Vollwertkost angeboten, zu Zeiten als noch kaum jemand über gesunde Ernährung nachdachte. Das Ehepaar Stoll legte damals einen großen Garten an. Er liefert neben den Produkten des Flachshofes alles, was die Mitarbeiter verzehren. Küchenchef Bernd Engelmann hat ein Buch mit Rezepten über Vollwertkost zusammengestellt, und für die Mitarbeiter der Firma werden Kochkurse angeboten.

Herrlicher Ausblick: Die Küssaburg

Nachdem wir von der guten Kantinenkost probiert haben, machen wir uns auf den Weg zur Ruine Küssaburg, die oberhalb des Ortes Bechtersbohl liegt. Vermutlich hat sich hier schon zu römischen Zeiten ein Wachturm oder Signalgeber befunden. Ganz in der Nähe an der Rheinbrücke Zurzach/Rheinheim war damals nämlich der wichtige Übergang der Heerstraße Vindonissa durch das Wutachtal nach Regensburg. Die Burg selbst soll vor rund 800 Jahren von einem Ritter Heinrich erbaut worden sein. Während des Bauernkrieges war sie hart umkämpft. Die Grafen von Sulz überredeten die Bauern schließlich zu einem vorübergehenden Waffenstillstand, engagierten dann aber ein Söldnerheer aus Österreich, das die ahnungslosen Bauernkämpfer hinterrücks überfiel und besiegte.

Ruine Küssaburg

Von der Ruine Küssaburg hat man einen herrlichen Blick auf die Landschaft. Ein kleiner Wermutstropfen ist der permanente Fluglärm: Alle paar Minuten drehen hier große Jets eine Schleife, um Kurs auf den Flughafen Zürich-Kloten zu nehmen.

Besuch beim Holzbildhauer

Wieder sind wir in Jestetten, diesmal der vielen bildenden Künstler wegen, die hier wohnen. Im Atelier des Holzbildhauers Bernhard Rieber werden wir durch seine Werke für das faszinierende Gestaltungsmaterial Holz begeistert.

Holz arbeitet auch noch, wenn das Kunstwerk fertig ist, erklärt uns Bernhard Rieber. Risse durch Trockenheit müssen also von Anfang an mitberechnet werden. Auch die vielen Arten und Maserungen sind eine Herausforderung. Riebers neuestes und liebstes Werk ist das „Drachenei". Es soll bei einem Schweizer Wettbewerb zum Thema „Aufbruch" ausgestellt werden.

Farben unter Tage:
Im Gipsbergwerk

Gleich hinter der Grenze zur Schweiz, in der Schleitheimer Gegend, wurde Gips abgebaut. 300 Meter nach dem Grenzübergang Stühlingen-Oberwiesen stoßen wir auf ein Gipsbergwerk, das nur nach Voranmeldung zu besichtigen ist. Doch wir haben Glück. Urs Bollinger führt gerade eine Gruppe in den Stollen, wir dürfen uns anschließen.

Das Bergwerk wurde erst vor ein paar Jahren für Besuchergruppen wieder gangbar gemacht. Auf den ersten Metern des letzten erhaltenen Zugangs heißt es „Kopf einziehen", doch dann steht man in einer faszinierenden Untertagewelt, die allerdings gar nicht recht nach Gips aussieht. Das Gestein, das wir hier sehen, ist grau und nicht sehr hart, fast ein bißchen seifig. Gips kann auch andere Farben haben, erläutert Urs Bollinger: rosarot, beige oder sogar schwarz.

Romantischer Hochrhein

Unser nächstes Ziel ist der am östlichsten Ende des Jestetter Zipfels liegende Ort Altenburg. Zum einen weil hier eine der historischen Holzbrücken über den Rhein führt, die es sonst nur noch in Bad Säckingen und Laufenburg gibt. Zum anderen, weil man von Altenburg das einst so mächtige Kloster Rheinau besichtigen kann, das auf einer kleinen Insel liegt.

Überhaupt sollte man sich nicht entgehen lassen, einmal ein Ausflugsschiff zu besteigen und streckenweise den Hochrhein zu befahren, vielleicht sogar bis zum Rheinfall nach Schaffhausen, denn allein die schöne Landschaft ist die Reise wert. Der Hochrhein hat sich viel von seiner ursprünglichen Schönheit bewahrt. Die Uferränder sind unverbaut, die Natur wirkt unberührt. Die Orte, deren schöne Fachwerkhäuser direkt am Wasser stehen, haben alle eine gewisse Romantik: Zurzach mit seinem Schloß und Thermalbad, ebenso wie Hohentengen und Eglisau, die zum Bummeln einladen.

„Fährfrau, hol über":
Eine Fahrt mit der „Rüedifaar"

Auf eine ganz romantische Art läßt sich der Rhein am Übergang Nack/Ellikon überqueren. Hier können sich Wanderer wie vor hundert Jahren mit einer

Am Hochrhein

Glocke ein Wassertaxi rufen. Die Fähre ist über ein Seil mit dem Ufer verbunden und läuft mit der Strömung. Eine überlieferte Regel besagt, wer den Fährmann dreimal umsonst gerufen hat, darf sich im Gasthaus auf seine Kosten verpflegen.

Oder auch die Fährfrau, denn 30 Jahren lang hatte hier Martha Beldi den Dienst inne. Sie erzählt uns, daß die Präsenz von Mai bis Oktober manchmal ein Problem für sie gewesen sei. Neben dem Fährdienst hat Martha Beldi nämlich noch vier Kinder großgezogen.

Uns bringt der neue Fährmann, Hans Zürcher, auf der „Rüedifaar" sicher ans andere Ufer. Er und seine Frau haben sich nach langem Überlegen zum Fährdienst entschlossen. Sie wollten verhindern, daß irgendein „Auswärtiger" ein Provisorium einführen und die hundertjährige Fährtradition brechen würde.

Einkehrtip:
Das Feinschmeckerlokal „Mange"

In Grießen finden wir ein Feinschmeckerlokal, das es mit den ganz Großen aufnehmen kann. Paul Maier in der „Mange" hat bei renommierten Küchenchefs sein Handwerk gelernt - bei Witzigmann und bei Bocuse -, bis er den Dorfgasthof seiner Großeltern in Grießen übernahm. Er kredenzt uns Zanderfilet mit Bärlauchkruste und zum Nachtisch Apfelküchle, so wie sie seine Großmutter schon auf den Tisch brachte.

Hohe Kirchtürme, zarte Klänge

Grießen besitzt zwar den höchsten Kirchturm, die Patronin des Klettgaus, die heilige Notburga, liegt allerdings im benachbarten Bühl begraben. Notburga war eine schottische Prinzessin, die aus ihrem Land nach Deutschland fliehen mußte. Der Legende nach brachte sie im Wald bei Bühl neun Kinder zur

Welt. Da kein Taufwasser vorhanden war, schlug sie mit dem Stock auf die Erde, und eine Quelle entsprang. Am letzten Augustsonntag findet eine Wallfahrt der Frauen zur Bühler Kirche statt, denn die Heilige wird als Helferin der Gebärenden und bei unerfülltem Kinderwunsch angebetet.

Zum Schluß kehren wir noch einmal in das Künstlerdorf Jestetten zurück. Dort lebt Michael Scheer, der nicht nur Cembalo spielt, sondern dieses Instrument auch baut. Da er kein Geld für die Reparatur seines alten Cembalos hatte, hat der gelernte Sozialarbeiter es selbst repariert. Daraus ist heute sein Beruf geworden. Vom kleinsten Einzelteil bis zur Verzierung oder Bemalung, alles fertigt er in seiner Werkstatt an, so wie der Kunde es sich wünscht.

Die Maschinen hat Michael Scheer zum Teil selbst ausgetüftelt, er zeigt uns eine, die „Springer" herstellt. Sie zupfen auf Tastendruck die Saiten an, denn im Gegensatz zum Klavier wird beim Cembalo gezupft, nicht angeschlagen. Jedes Instrument ist anders, hat einen eigenen, faszinierenden Klang. Wir können in der Werkstatt von Michael Scheer die ganze Variationsbreite bewundern und nehmen die herrlichen Töne mit auf die Heimreise.

Seilfähre

Dieser Beitrag beruht auf dem Film von Nicola Haenchen.

Zanderfilet mit Bärlauchkruste, Rieslingsauce und Nudeln

Zutaten und Zubereitung: 2 Zander, je 1 kg, schuppen, filieren, die Gräten mit einer kleinen Zange ziehen. Ca. 500 g geriebenes Weißbrot mit 200 g weicher Butter mischen, mit Salz, in Streifen geschnittenem Bärlauch und Pfeffer würzen. In eine gebutterte feuerfeste Form, die mit Zitrone, Salz und Pfeffer marinierten Zanderfilets legen, die Butter-Bärlauchmasse auf die Hautseite geben, etwas Fischfond und Riesling angießen, eventuell ein paar gehackte Schalotten zugeben. In den ca. 180 Grad heißen Backofen schieben, nach etwa 15 Minuten - bis sich eine Kruste gebildet hat - herausnehmen.
Sauce: 1 dl Riesling, 1 dl Fischfond einkochen, mit etwa 4 dl Sahne aufgießen, mit kalten Butterwürfeln mixen. Mit Salz, Zitrone und Pfeffer abschmecken.

Rezept von „ Mange"-Küchenchef Paul Maier, Angaben für vier Personen

So kommt man hin

Mit der Bahn: Waldshut-Tiengen ist Station an der Strecke Basel–Singen.

Mit dem Auto: Von Karlsruhe über die A 5 nach Lörrach, von dort auf der B 316 nach Rheinfelden und B 34 nach Waldshut-Tiengen. Von Stuttgart auf der A 81 nach Singen bis zum Autobahnkreuz Bad Dürrheim, auf der A 864 bis Donaueschingen, von dort auf der B 27 bis Randen und auf der B 314 nach Waldshut-Tiengen.

Touristische Informationen

Tourismus Südlicher Schwarzwald
Geschäftsstelle Waldshut
Kaiserstr. 110
79761 Waldshut-Tiengen
Tel.: 07751/86-142
Fax: 07751/86-164 oder -494

Verkehrsverein Küssaberg
Gemeindezentrum 1
79790 Küssaberg-Rheinheim
Tel.: 07741/600-145
Fax: 07741/600-150